유튜버 옐롯과 함께 하는 로블록스 게임 만들기

내 손으로 직접 만드는 메타버스

지은이 옐롯
기획 · 편집 위키북스 기획팀

펴낸이 박찬규 엮은이 윤가희, 전이주 디자인 도설아 표지디자인 Arowa & Arowana
펴낸곳 위키북스 전화 031-955-3658, 3659 팩스 031-955-3660
주소 경기도 파주시 문발로 115 세종출판벤처타운 311호

가격 22,000 페이지 260 책규격 190 x 258mm

1쇄 발행 2022년 03월 11일
2쇄 발행 2023년 01월 31일
3쇄 발행 2023년 12월 20일

ISBN 979-11-5839-314-4 (13000)

등록번호 제406-2006-000036호 등록일자 2006년 05월 19일
홈페이지 wikibook.co.kr 전자우편 wikibook@wikibook.co.kr

유튜버 옐롯과 함께 하는 로블록스 게임 만들기

옐롯 지음

내 손으로 직접 만드는 메타버스

위키북스

옐롯(Yellot)

유튜브에서 로블록스 스튜디오 크리에이터로 활동 중입니다.

조선일보 및 재능TV 다큐 방송 출연

- **옐롯(Yellot) 유튜브 채널:** https://www.youtube.com/옐롯Yellot

서문

"지금까지 다른 사람이 만든 로블록스 게임을 즐기기만 했다면, 이제는 친한 친구나 전 세계 모든 로블록스 플레이어들과 함께 직접 만든 로블록스 게임을 만들어 플레이해보세요!"

로블록스는 전 세계에 1억 명이 넘는 친구들이 이용하는 게임 플랫폼입니다. 많은 친구들이 로블록스에서 다양한 게임을 즐기며 시간을 보내고 있어요. 다양한 게임을 하다 보면 문득 이런 생각을 해본 적이 있을 거예요.

"나도 저런 게임 만들어 보고싶다. 그런데 어떻게 만드는 거지?"

하지만 혼자서는 쉽게 도전하기 어렵고, 도전하더라도 포기하는 친구들이 많습니다. "로블록스 스튜디오는 어떻게 설치하지?", "로블록스 스튜디오는 무료일까?", "스크립트가 외계어처럼 보이는 걸?"과 같이 보이는 모든 게 어렵다고 생각하는 분도 많을 거예요.

사실 저도 처음에 혼자 게임 만들기에 도전하고, 포기한 적이 있었거든요. 그런데 시간이 지나도 나만의 게임을 너무 만들고 싶고 배워 보고 싶어서 다양한 곳에서 조금씩 배우며 연습했답니다. 물론 실패도 했었지만, 다시 도전해서 다양한 게임도 만들고, 이렇게 "나만의 로블록스 게임 만들기"라는 책도 쓰게 되었어요.

이 책을 통해 로블록스 게임 만들기를 처음 시작하는 분들이 시행착오 없이 기본적인 게임을 만들고, 더 나아가 자신만의 게임을 만들 수 있기를 바랍니다. 어렵게만 느껴졌던 로블록스 스튜디오가 이 책을 통해서 "더는 어렵지 않아! 나도 게임을 만들 수 있어"라는 자신감을 안겨주었으면 좋겠습니다.

그럼, 이제 나만의 로블록스 게임을 만들러 떠나 볼까요?

저자 옐롯(Yellot)

이 책의 사용 설명서

본문 내용을 시작하기에 앞서 이 책의 도서 홈페이지 및 저자의 유튜브 채널을 소개하고, 이 책에서 사용한 프로그램에 대해 알아보겠습니다.

◉ 도서 홈페이지

이 책의 홈페이지 URL은 다음과 같습니다.

- **책 홈페이지**: https://wikibook.co.kr/roblox

이 책을 읽는 과정에서 내용상 궁금한 점이나 잘못된 내용, 오탈자가 있다면 홈페이지 우측의 [도서 관련 문의]를 통해 문의해 주시면 빠른 시간 내에 안내해 드리겠습니다.

◉ 저자의 유튜브 채널

이 책은 저자의 유튜브 채널에 있는 강좌를 정리한 책입니다. 아래 유튜브 채널에는 로블록스의 기초를 다질 수 있는 다양한 강좌가 준비돼 있습니다.

- **옐롯(Yellot) 유튜브 채널**: https://www.youtube.com/옐롯Yellot

◉ 예제 파일 내려받기

이 책의 예제 파일은 도서 홈페이지의 [예제 코드]에서 내려받을 수 있습니다.

❶ 브라우저의 주소 창에 https://wikibook.co.kr/roblox를 입력해 이 책의 도서 페이지로 이동합니다.

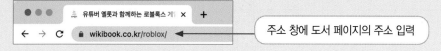

❷ [예제코드 다운로드] 버튼을 클릭하거나 [예제 코드] 탭을 선택하고 링크를 클릭합니다.

❸ 다운로드 폴더로 이동해 내려받은 파일(roblox-main.zip)을 더블클릭해 압축을 해제합니다.

❹ 압축이 해제된 폴더(roblox-main)로 들어가 보면 장별로 예제 파일이 들어 있습니다.

❺ 예제 파일을 더블클릭하면 로블록스 스튜디오가 실행되면서 예제 파일이 열립니다.

(로블록스 스튜디오가 설치돼 있지 않다면 이 책의 35쪽을 참고해 로블록스 스튜디오를 설치한 다음 실행해야 합니다.)

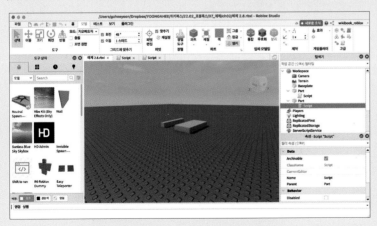

📀 이 책에서 사용한 프로그램

이 책에서는 로블록스와 로블록스 스튜디오를 이용해 실습을 진행했습니다. 로블록스를 설치하는 방법은 이 책의 1장에서, 로블록스 스튜디오를 설치하는 방법은 이 책의 2장에서 자세히 설명합니다.

목차

목차

1장

로블록스 시작하기

이번 장에서는 로블록스에 회원가입을 하고, 로블록스 홈페이지를 둘러봅니다. 그다음, 컴퓨터에 로블록스를 설치하고 게임을 플레이해봅니다.

로블록스는 2006년에 정식 발매되어 현재까지 많이 사랑받고 있는 게임입니다. 로블록스는 여러 친구들이 모여서 게임을 즐길 수 있는 무료 게임 플랫폼입니다.

로블록스에서는 가상 현실 세계를 기반으로 만든 다양한 게임에서 자신만의 캐릭터를 꾸미고 많은 친구들과 만나 소통하면서 게임을 플레이할 수 있습니다. 이와 같은 가상 현실 세계를 메타버스라고 부릅니다. 2021년 8월 기준, 월 1억 명 이상의 유저가 게임을 플레이한다고 합니다. 언제 어디서나 스마트폰이나 컴퓨터로 쉽게 접속해서 간단하게 게임을 플레이할 수 있습니다.

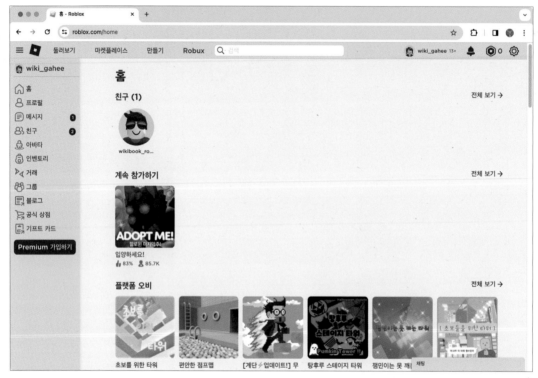

그림 1.1 | 로블록스 홈페이지 메인 화면

로블록스 게임에서 필요한 로벅스라는 가상화폐는 돈을 내고 사야 하지만, 로벅스가 없어도 게임을 즐길 수 있습니다. 로블록스 스튜디오로 게임을 만들어 출시하고 많은 유저가 그 게임을 플레이하면 로벅스 수익을 만들어 낼 수도 있습니다. 로블록스에는 점프맵, 시뮬레이터 게임, FPS 게임, 스토리 게임 등 다양한 소재와 내용의 게임이 있는데, 하루에도 수천~수만 개의 게임이 만들어진다고 하니 정말 놀랍지 않나요?

이 책에서는 로블록스 회원가입부터 자신만의 점프맵 게임 만들기까지 친절하게 도와드립니다. 그럼, 함께 시작해 볼까요?

① 로블록스 회원가입하기

로블록스를 시작하려면 먼저 크롬 브라우저[1]에서 roblox.com을 입력하여 접속합니다. 처음 접속하면 로블록스 회원가입 화면이 뜹니다. 로블록스 게임을 플레이하려면 다음과 같은 절차에 따라 회원가입을 해야 합니다. 만약 계정이 있다면 ❼ [로그인] 버튼을 클릭해 로그인해주세요.

그림 1.2 | 로블록스 회원가입 절차

❶ 생년월일을 선택합니다. 출생 연도는 어떤 연도를 입력해도 상관없지만, 일부 서비스는 나이 제한이 있기도 합니다.

❷ 사용자 이름에는 실명이 아닌 로블록스에서 사용할 닉네임을 입력합니다.

❸ 비밀번호는 8글자 이상으로 기억하기 쉬운 것을 입력합니다.

❹ 성별은 선택사항이기는 하지만, 여자인지 남자인지를 골라주면 게임 기본 아바타가 선택한 성별로 표시됩니다.

❺ 이용 약관과 개인정보 처리방침에 동의합니다.

❻ 모든 사항을 입력한 후 회원가입 버튼을 누르면 회원가입이 완료됩니다.

---

1 다른 브라우저에서 접속하는 것도 가능하지만, 로블록스의 일부 플러그인은 크롬 브라우저에서만 작동하므로 되도록 크롬 브라우저를 사용할 것을 추천합니다.

크롬 브라우저 내려받기: https://www.google.co.kr/chrome/

② 로블록스 살펴보기

앞에서 설명한 대로 회원가입 버튼을 누르고 기다리면 다음 그림과 같이 로블록스 게임을 플레이할 수 있는 로블록스 홈 화면이 나타납니다. 홈 화면을 한 번 살펴보겠습니다.

그림 1.3 | 로블록스 게임 홈 화면

화면 위쪽을 보면 메뉴가 몇 개 보이는데, 하나씩 살펴보겠습니다.

❶ [둘러보기]를 클릭하면 로블록스가 추천하는 게임이나 새롭게 뜨는 게임, 로블록스에서 인기 있는 게임 등을 한 눈에 볼 수 있습니다.

❷ [마켓플레이스]는 아바타를 꾸미는 데 사용하는 아이템을 구매할 수 있는 페이지입니다.

❸ [만들기]를 클릭하면 로블록스 게임을 만들 수 있는 로블록스 스튜디오로 연결되는 버튼이 나타납니다.

❹ [Robux]에서는 로블록스 프로그램에서 사용할 수 있는 가상 화폐인 로벅스를 구매할 수 있습니다.

❺ 가장 왼쪽에 있는 ☰ 버튼을 클릭하면 화면 왼쪽에 있는 메뉴를 열거나 닫을 수 있습니다.

화면 왼쪽에 있는 각 메뉴에 대해서는 필요할 때 설명하기로 하고 여기서는 우선 [홈] 바로 아래의 [프로필]을 살펴보겠습니다. ❻ [프로필]을 클릭하면 다음 그림과 같이 자신의 정보를 한눈에 볼 수 있는 페이지가 나타납니다.

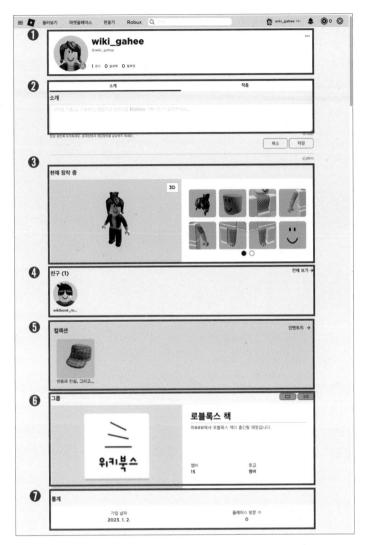

그림 1.4 | [프로필] 페이지

프로필 페이지는 다음과 같이 구성됩니다.

❶ 페이지 맨위에는 자신의 아바타와 닉네임이 표시됩니다.

❷ [소개]에는 자신을 소개하는 내용을 간단하게 입력할 수 있습니다. [작품]에서는 자신이 만든 게임을 확인할 수 있습니다. 기존에 만들어 놓은 게임이 있다면 그것들을 여기서 확인할 수 있습니다.

❸ [현재 장착 중]에서는 내 아바타에 장착된 아이템을 확인할 수 있습니다.

❹ [친구]에는 친구로 추가한 친구 목록이 표시됩니다.

❺ [컬렉션]에는 보유하고 있는 아이템이 표시됩니다.

❻ [그룹]에는 자신이 만들거나 가입한 그룹 목록이 표시됩니다.

❼ [통계]에서는 가입 날짜와 로블록스 게임에 몇 번 접속했는지 등을 확인할 수 있습니다.

③ 아바타 꾸미기

로블록스에서는 아바타를 이용해 게임을 플레이합니다. 아바타는 게임 내에서 플레이어의 캐릭터라고 볼 수 있는데, 각자 개성에 따라 자유롭게 꾸밀 수 있습니다.

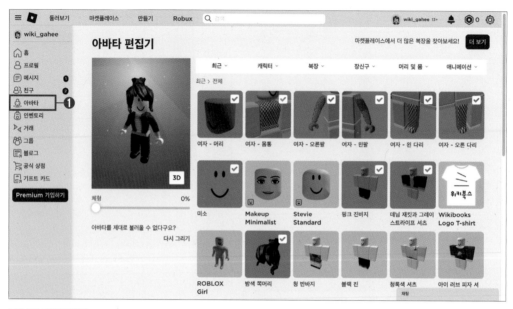

그림 1.5 | 아바타 편집기

아바타를 꾸미려면 로블록스 홈 화면 왼쪽의 ❶ [아바타] 메뉴를 클릭합니다. 그러면 내 아바타가 입은 옷과 헤어스타일을 확인할 수 있습니다. 체크박스에 체크 표시가 된 아이템이 현재 아바타가 착용하고 있는 아이템입니다. 추가하고 싶은 아이템이 있다면 해당 아이템을 클릭하면 되고 아이템 오른쪽 위의 체크를 없애면 착용 해제가 됩니다. 이렇게 헤어스타일과 몸의 형체, 표정 등을 간단히 클릭만으로 바꿀 수 있습니다.

④ 로블록스의 화폐와 화폐 사용 방법

로블록스에서는 '로벅스(Robux)'라는 화폐를 사용합니다. 홈 화면 오른쪽 위를 보면 로벅스를 뜻하는 육각형 이미지(◉)와 로벅스를 얼마나 가지고 있는지가 숫자로 표시됩니다.

그림 1.6 | 로블록스 홈 화면 오른쪽 위에 있는 로벅스 아이콘과 로벅스 잔액 표시 영역

이때 로벅스 이미지(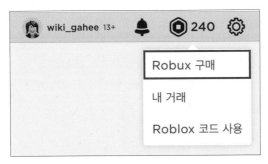)를 클릭하고 [로벅스 구매]를 선택하면 로벅스를 구매할 수 있는 페이지가 나타납니다.

그림 1.7 | 로벅스 구매 선택

그러면 로벅스 구매 페이지가 다음과 같이 나타나는데, 일회성으로 필요할 때마다 구매할 것이라면 그림 1.8의 ❶ 에서 자신이 원하는 금액만큼 구매하면 되고, 정기적으로 매월 로벅스를 구매할 예정이라면 ❷ 에서 자신이 원하는 금액을 선택해 구매하면 됩니다. 결제 수단은 신용카드와 직불카드, Roblox 카드 등을 비롯하여 네이버페이나 카카오페이, 페이팔 등 자신에게 편리한 수단을 이용할 수 있게 되어 있습니다.

그림 1.8 | 로벅스 구매 페이지

로벅스는 아바타를 꾸미거나 게임 내 아이템을 구매하는 데 사용할 수 있습니다. 로벅스는 돈으로만 살 수 있는 것이 아니라, 게임을 만들고 그 게임을 이용하는 플레이어가 생겼을 때도 얻을 수 있습니다. 10만 로벅스가 넘으면 실제 돈으로 바꿀 수 있습니다. 따라서 게임 개발자에게는 이 로벅스가 수익이 될 수 있습니다.

⑤ 친구 추가하기

이번에는 친구를 추가하는 방법을 알아보겠습니다. 홈 화면 위쪽 중앙을 보면 검색창이 있습니다. 이 검색창에 친구로 추가하고 싶은 사람의 닉네임을 입력한 후 '회원에서' 검색을 선택합니다.

그림 1.9 | 친구 추가를 위해 '회원에서' 친구 검색

그러면 해당 닉네임이 들어간 여러 사용자가 나오는데, 그중 자신이 친구를 맺고자 하는 사용자의 [친구 추가] 버튼을 누르면 친구 요청 전송이 실행됩니다. 이때 친구 추가 요청을 받은 사용자가 요청을 수락하면 친구 추가가 완료됩니다.

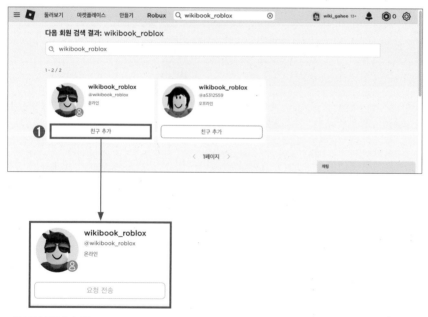

그림 1.10 | 친구 추가 버튼

친구가 요청을 수락한 경우, 화면 왼쪽의 [친구] 메뉴에서 추가된 친구를 확인할 수 있습니다.

그림 1.11 | [친구] 메뉴를 눌러 확인한 친구 목록

반대로 다른 사용자가 나를 친구로 요청한 경우에는 같은 페이지의 ❶ [요청] 탭에서 나에게 요청한 자세한 내용을 확인할 수 있습니다. ❷ [수락] 버튼을 클릭해 친구 요청을 받아 들이거나 [거절] 버튼을 클릭해 거절할 수 있습니다.

그림 1.12 | [요청] 메뉴를 눌러 친구 요청 목록 확인

친구의 ❶ 프로필 사진 또는 친구의 아이디를 클릭하면 친구의 프로필에 들어갈 수 있습니다. 친구의 프로필에 들어간 다음 ❷ [참가] 버튼을 누르면 친구가 플레이하는 게임을 함께 할 수 있습니다. 또한, 게임을 만드는 경우 친구를 초대해서 같이 만들 수도 있고 ❸ [채팅] 버튼을 이용해 채팅도 가능합니다. 마지막으로 ❹ [친구 끊기] 버튼을 이용해 친구 관계를 끊을 수도 있습니다.

그림 1.13 | 친구의 프로필 화면

⑥ 그룹 만들기와 그룹 가입 방법

로블록스에서 그룹이란 친구들과 소통할 수 있는 매개체이고, 그 밖에도 다양한 기능을 합니다. 친구들에게 공지하거나 게임 관련 얘기를 나눌 수도 있습니다. 또한, 게임 개발자 그룹의 경우 같이 게임을 제작한 플레이어에게 로벅스를 나눠줄 수 있습니다.

그러면 그룹 만들기와 그룹 가입 방법을 알아보겠습니다. 홈 화면 왼쪽 ❶ [그룹] 메뉴를 통해 모든 그룹을 확인할 수 있습니다. 그룹을 만들려면 ❷ [그룹 만들기]를 클릭합니다.

그림 1.14 | 새 그룹 만들기

그룹을 만드는 데는 100로벅스가 필요합니다.
따라서 그룹 만들기는 나중에 필요할 때 따라해도 괜찮습니다.

그룹 만들기 페이지가 나오면 그룹 이름을 입력하고 그룹에 관한 설명도 간단히 입력합니다. 그룹을 대표하는 이미지를 설정하고 누구나 가입 가능한 그룹인지, 승인을 통해 가입할 수 있는 그룹인지 설정한 후 초록색 ⓒ100 버튼을 누르면 그룹이 생성됩니다. 이때 버튼에 표시된 대로 100로벅스가 필요합니다.

그림 1.15 | 그룹 만들기 상세 페이지

그룹을 만들면 그룹에 공지를 올릴 수 있고, 그룹 상세 페이지의 그룹 이름 오른쪽 점 3개를 누르면 나오는 메뉴에서 [그룹 구성]을 클릭해 그룹에 관한 각종 설정을 할 수 있습니다. 그룹을 만드는 데는 여러 가지 이유가 있지만, 대표적으로 게임을 여럿이 함께 만들었을 때 수익을 쉽게 나눌 수 있기 때문입니다.

그림 1.16 | [그룹 구성] 메뉴에서 그룹에 관한 각종 설정을 할 수 있다.

참고로 수익을 나누고 싶을 때는 [그룹 구성]을 누른 후 [수입]→[페이아웃]을 누르고, [일회성 페이아웃]→[페이아웃 수신자 추가]를 클릭해 수익을 나눌 사용자를 추가한 후, 금액을 입력하고 [배포] 버튼을 누르면 됩니다.

다음으로, 그룹 가입 방법을 알아보겠습니다. 그룹에 가입하려면 먼저 화면 왼쪽의 ❶ [그룹] 메뉴로 들어가 화면 오른쪽 위의 ❷ [더 많은 그룹→]을 클릭해 자신이 가입하고 싶은 그룹을 찾거나 위쪽 ❸ 검색창에서 그룹을 검색하여 찾아 클릭합니다.

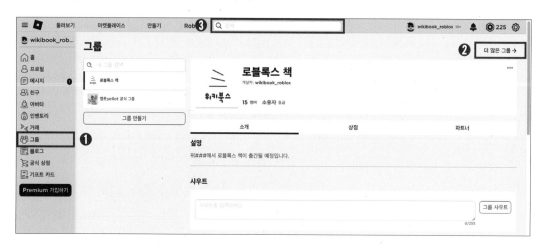

그림 1.17 | 그룹 가입을 위해서는 먼저 그룹을 검색한다.

그룹 상세 페이지로 가서 화면 오른쪽에 있는 [그룹 가입] 버튼을 누르면 그룹에 가입됩니다. 그룹에 가입하는 이유도 그룹을 개설하는 이유와 비슷합니다. 일반적인 친목 도모의 목적도 있지만, 같이 만든 게임의 수익을 친구와 나누기 위한 목적도 있습니다.

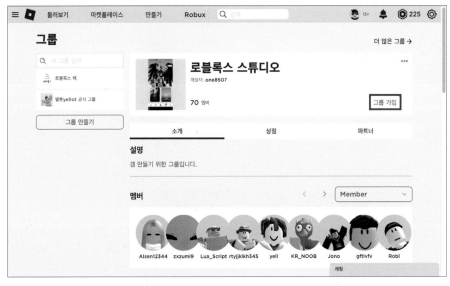

그림 1.18 | 그룹 상세 페이지의 [그룹 가입] 버튼

그룹에서 탈퇴할 때는 그룹 이름 오른쪽에 있는 점 3개로 표시된 더보기 메뉴를 클릭하여 [그룹 나가기]를 선택하면 됩니다.

그림 1.19 | 그룹을 탈퇴할 때는 [그룹 나가기]를 이용한다.

⑦ 로블록스 게임 플레이하기

로블록스에서 게임을 플레이하는 방법을 알아보겠습니다. 우선 위쪽의 ❶ [둘러보기] 탭을 누르거나 ❷ 검색창에서 게임 이름을 검색하여 플레이하기를 원하는 게임을 선택합니다.

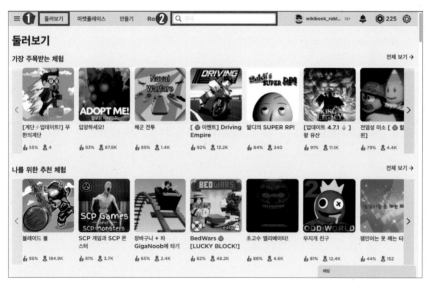

그림 1.20 | 플레이하고자 하는 게임 검색하기

게임을 클릭하면 다음 그림처럼 ❶ 게임 소개와 상점, 서버 정보를 확인할 수 있습니다. 여기서 ❷ '플레이 버튼'인 화면 오른쪽의 녹색 버튼을 클릭하면 게임 로딩 화면이 나오면서 게임이 시작됩니다.

유료 게임의 경우, 녹색 플레이 버튼 위에 가격이 로벅스로 표시되며, 그럴 경우 로벅스로 결제해야 게임을 플레이할 수 있습니다.

그림 1.21 | 게임 메인 페이지의 구성과 플레이 버튼 (출처: '아쿠아리움 스테이지 타워' @meka5146)

그럼, 플레이 버튼을 눌러 게임을 해보겠습니다. 만약 로블록스 게임이 처음이라면 먼저 로블록스를 설치해야 합니다. 설치 방법은 다음 상자를 참고해주세요.

로블록스 설치하기

로블록스가 설치돼 있지 않다면 플레이 버튼을 눌렀을 때 다음과 같은 창이 나옵니다. [Roblox 다운로드 및 설치] 버튼을 클릭합니다.

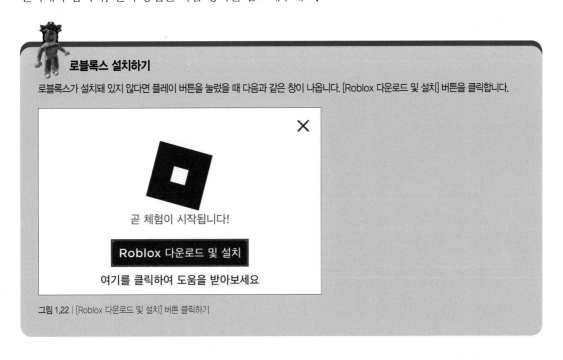

그림 1.22 | [Roblox 다운로드 및 설치] 버튼 클릭하기

자동으로 설치 파일 다운로드가 시작되고 로블록스 설치 방법이 안내된 창이 나옵니다. 만약 설치 파일 다운로드가 자동으로 시작되지 않으면 화면 아래에 있는 [지금 다운로드]를 눌러주세요.

다운로드가 끝나면 내려받은 설치 프로그램(RobloxPlayerLauncher.exe)을 클릭해 실행합니다.

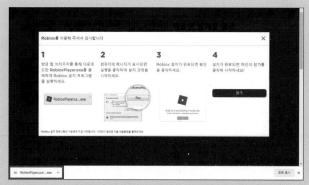

그림 1.23 | 설치 프로그램(RobloxPlayerLauncher.exe)을 클릭해 실행하기

설치 프로그램을 실행하면 다음과 같은 창이 나옵니다. 설치가 진행되는 동안 잠시 기다립니다.

그림 1.24 | 로블록스 설치 중

'ROBLOX 설치에 성공했어요!'라는 메시지가 나오면 [확인] 버튼을 클릭해 설치를 종료합니다.

그림 1.25 | 로블록스 설치에 성공하면 확인 버튼을 클릭한다.

다시 게임 페이지로 돌아가 플레이 버튼을 클릭합니다.

다음과 같이 로블록스를 열 것인지 묻는 창이 나타나면 ❶ [Roblox 열기] 버튼을 클릭합니다. ❷ '항상 www.roblox.com에서 연결된 앱에 있는 이 유형의 링크를 열도록 허용'에 체크해 두면 다음 번에 게임을 실행할 때 로블록스를 열 것인지 묻지 않고 게임이 실행됩니다.

그림 1.26 | 로블록스를 열 것인지 묻는 창

게임 화면이 로딩되고 화면에 플레이어(내 아바타)가 나타납니다. 이제 플레이어를 움직여 게임을 플레이하면 됩니다.

그림 1.27 | 로딩된 게임 화면 (출처: 로블록스 '아쿠아리움 스테이지 타워' @meka5146)

게임에서 아바타를 움직이는 방법은 간단합니다. W 버튼은 앞쪽, A 버튼은 왼쪽, D 버튼은 오른쪽, S 버튼은 뒤쪽, E 버튼은 위쪽, Q 버튼은 아래쪽으로 이동합니다. ❶ 스페이스 바를 누르면 아바타를 점프하게 할 수 있습니다.

그림 1.28 | 게임에서 아바타를 움직이는 데 사용하는 각종 키

또한, 마우스 오른쪽 버튼으로 화면 전체를 회전할 수 있고, 마우스 휠 버튼을 이용하면 화면을 줌-인, 줌-아웃 하여 게임을 1인칭 시점이나 3인칭 시점에서 플레이할 수 있습니다. 마우스 왼쪽 버튼은 GUI 등을 클릭할 때 사용합니다. 이 버튼을 적절히 조합해서 잘 활용하면, 앞으로 나아가다가 점프하거나 왼쪽이나 오른쪽으로 방향을 틀거나 하는 동작을 할 수 있습니다.

키/버튼	기능/동작
W, ↑	앞쪽으로 이동
S, ↓	뒤쪽으로 이동
A	왼쪽으로 이동
D	오른쪽으로 이동
Q	아래쪽으로 이동
E	위쪽으로 이동
Space	점프
←	카메라 왼쪽으로 회전
→	카메라 오른쪽으로 회전
🖱	화면 전체를 회전
🖱	줌-인, 줌-아웃 (카메라 확대, 축소)
🖱	GUI 등을 클릭

표 1.1 | 로블록스 게임 조작 키/버튼

이 책의 예제 파일 내려받기

다음 장부터는 로블록스 스튜디오를 활용해 게임 만드는 방법을 소개합니다. 처음부터 따라할 수 있게 안내하고 있지만, 빠르게 따라하고 싶은 분 또는 완성 파일이 궁금한 분을 위해 예제 파일을 제공합니다. 예제 파일을 내려받는 방법은 다음과 같습니다.

❶ 브라우저의 주소 창에 https://wikibook.co.kr/roblox를 입력해 이 책의 도서 페이지로 이동합니다.

❷ [예제코드 다운로드] 버튼을 클릭하거나 [예제 코드] 탭을 선택하고 링크를 클릭합니다.

❸ 다운로드 폴더로 이동해 내려받은 파일(roblox-main.zip)을 더블클릭해 압축을 해제합니다.

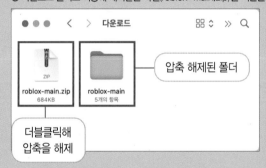

❹ 압축이 해제된 폴더(roblox-main)로 들어가 보면 장별로 예제 파일이 들어 있습니다.

2장

로블록스 스튜디오 시작하기

이번 장에서는 로블록스 스튜디오를 설치하고 기본 조작법 및 화면 구성을 살펴봅니다. 이어서 로블록스 스튜디오를 사용할 때 가장 기본이 되는 파트를 조작하는 방법을 알아보고, 통과 가능한 파트, 킬 파트, 회전하는 파트 등 다양한 파트를 제작해봅니다.

로블록스 스튜디오도 로블록스와 마찬가지로 2006년에 서비스가 시작되었습니다. 로블록스가 게임을 플레이하기 위한 것이라면, 로블록스 스튜디오는 로블록스에서 플레이할 게임을 직접 만들 수 있는 프로그램입니다. 로블록스 스튜디오(개발자 프로그램) 역시 무료 프로그램이기 때문에 컴퓨터만 있다면 누구나 쉽게 자신만의 게임을 만들어 친구들과 함께 플레이할 수 있습니다.

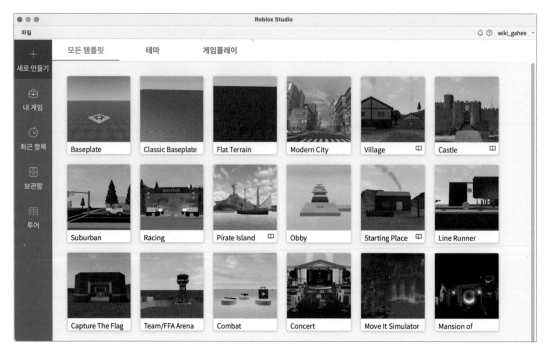

그림 2.1 | 로블록스 스튜디오

로블록스 스튜디오는 루아(Lua)라는 컴퓨터 언어를 사용합니다. 컴퓨터 언어 루아(Lua)는 다른 컴퓨터 언어에 비해 쉽고 가벼워서 하나씩 기초부터 배운다면 게임을 만드는 데 많은 도움이 될 것입니다.

자신이 만든 게임이 인기를 얻어 사용자가 많아지면 로벅스 수익도 얻을 수 있습니다. 처음 도전하는 친구들은 시작하고 나서 바로 포기하기도 하는데, 저와 함께 시작한다면 하나씩 배우면서 어렵지 않게 게임을 만들 수 있을 것입니다.

그럼, 로블록스 스튜디오 설치부터 게임을 만들어서 출시하기까지 함께 시작해 볼까요?

1 로블록스 스튜디오 설치 방법 및 기본 조작법

먼저 로블록스 스튜디오 설치 방법을 알아보겠습니다. 로블록스 홈 화면 위쪽 [만들기] 탭을 클릭하거나 다음 주소를 직접 주소창에 입력해 로블록스 스튜디오 페이지에 접속합니다.

- https://create.roblox.com

그림 2.2 | 로블록스 홈 화면의 [만들기] 탭

[만들기] 탭을 클릭하거나 주소에 접속하면 다음과 같은 페이지가 보입니다. 페이지 아래쪽을 보면 로블록스 개발자들의 이야기나 개발자 허브 등의 정보도 있는데, 관심이 있는 분은 한번 읽어보면 좋을 것 같습니다. 여기서는 바로 로블록스 스튜디오를 설치해 보겠습니다. 화면 중앙에 있는 [STUDIO 열기] 버튼을 누릅니다.

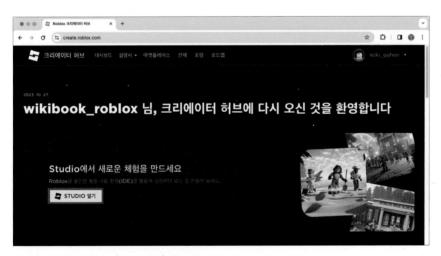

그림 2.3 | 크리에이터 허브에서 [STUDIO 열기] 버튼 클릭

아직 로블록스 스튜디오가 설치되지 않은 컴퓨터에서는 [Studio 다운로드] 버튼이 있는 팝업창이 나타납니다. 이 다운로드 버튼을 눌러 설치 파일(RobloxStudioLauncherBeta.exe)을 내려 받습니다.

그림 2.4 | Studio 다운로드 버튼을 클릭해 설치 파일을 내려 받는다.

내려받은 파일을 더블 클릭하면 설치가 시작되면서 다음과 같은 창이 나타납니다.

그림 2.5 | 로블록스 스튜디오 설치 중 화면

설치가 완료되기까지 1~2분 정도 걸리고, 설치가 완료되면 로블록스 스튜디오가 자동으로 열립니다. 로블록스 스튜디오가 시작되면 로블록스 스튜디오에 로그인할 수 있는 화면이 나타납니다. 앞에서 회원 가입할 때 설정한 사용자 이름과 비밀번호를 입력하고 [로그인] 버튼을 누르면 나만의 게임을 만들 수 있는 로블록스 스튜디오 앱이 실행됩니다.

그림 2.6 | 로블록스 스튜디오 로그인 페이지

한편, 로블록스 스튜디오가 이미 설치돼 있는 컴퓨터에서 그림 2.3의 [STUDIO 열기] 버튼을 누르면 로블록스 스튜디오 로딩 화면이 나타나면서 로블록스 스튜디오 프로그램이 실행됩니다.

로블록스 스튜디오의 화면이 한글이 아닌 영문으로 보인다면 설정을 한글로 변경합니다. 왼쪽 상단에 있는 [File] – [Studio Settings]를 선택합니다.

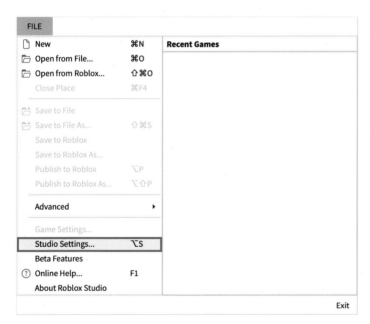

그림 2.7 | 로블록스 스튜디오 설정창 열기

Studio Settings 상단 검색창에 'Language'를 입력한 다음 Language를 한국어로 설정합니다. [Close] 버튼을 눌러 Studio Settings 창을 닫고, 로블록스 스튜디오를 재시작할 것인지 묻는 창이 나오면 [Restart] 버튼을 눌러 재시작합니다.

그림 2.8 로블록스 스튜디오를 한국어로 설정

로블록스 스튜디오 왼쪽 메뉴에서 [+ 새로만들기]를 선택합니다. [+ 새로만들기]를 선택하면 템플릿 화면이 보입니다. 주로 사용하는 템플릿은 'Classic Baseplate'와 'Baseplate'로, 회색 바닥이 있는 화면입니다.

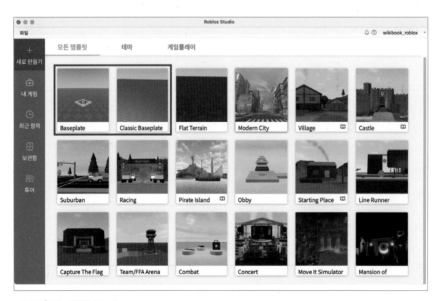

그림 2.9 | 주로 사용하는 템플릿

로블록스 스튜디오의 작업 화면에서는 로블록스 게임과 똑같이 키보드의 버튼을 이용해 움직일 수 있습니다. W는 앞쪽, S는 뒤쪽, A는 왼쪽, D는 오른쪽, E는 위쪽, Q는 아래쪽입니다. 화면 돌리기는 마우스 오른쪽 버튼을 누른 상태에서 조작할 수 있고, 마우스의 스크롤 버튼을 이용하면 빠르게 앞으로 이동할 수 있습니다. 이렇게 화면상에서 움직이는 법은 기본으로 알아두는 것이 편리합니다.

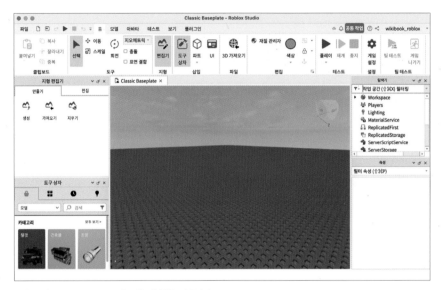

그림 2.10 | Classic Baseplate 템플릿을 선택했을 때의 화면

② 로블록스 스튜디오 화면 살펴보기

로블록스 스튜디오를 설치했으니, 로블록스 스튜디오 화면을 살펴보겠습니다. 여기서는 대표적인 5개 메뉴를 살펴볼 텐데, [홈], [모델], [아바타], [테스트], [보기], [플러그인]이 그것입니다.

그림 2.11 | 로블록스 스튜디오 메인 메뉴

- [홈] 메뉴는 자주 쓰는 버튼을 모아둔 곳이라고 보면 됩니다.
- [모델]은 나중에 파트(블록)를 불러왔을 때 각 파트를 설정하기 위한 창입니다.
- [아바타]는 아바타에 관한 각종 설정을 할 수 있는 메뉴입니다.
- [테스트]는 자신이 만든 게임을 간단하게 테스트할 수 있는 메뉴입니다.
- [보기]는 필요한 기능 창을 선택해서 화면에 표시할 수 있는 메뉴입니다.
- [플러그인]은 나중에 게임을 만들 때 도움을 받을 수 있는 플러그인을 가져다 쓸 수 있는 메뉴입니다.

먼저 이 책에서 설명하는 내용을 따라하기 위해 기본으로 설정해두면 좋을 것과 꼭 알아야 할 점을 몇 가지 알아봅시다. 우선 로블록스 스튜디오의 화면을 좀 더 효율적으로 사용하기 위해 기본으로 화면 양쪽에 뜬 창을 모두 닫고 자주 사용하는 것들로 다시 불러와 보겠습니다.

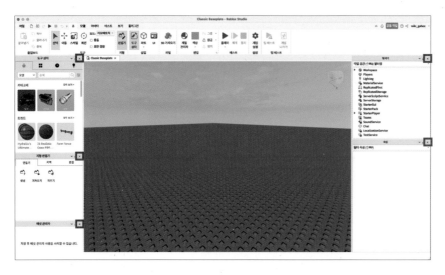

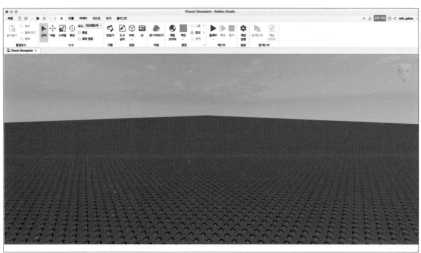

그림 2.12 | 화면 양쪽에 있는 창을 모두 닫아준다.

다음 그림의 ❶ [보기] 메뉴를 클릭합니다. [보기]의 하위 메뉴에서 ❷ [탐색기]와 [속성], [도구 상자]가 선택되어 있지 않다면 모두 선택해줍니다. 이렇게 3개의 창을 띄운 상태에서 로블록스 스튜디오의 다양한 기능을 더 배워보겠습니다.

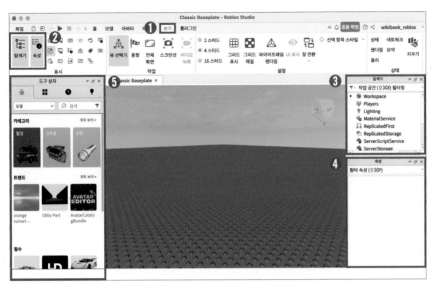

그림 2.13 | 예제 실습을 위한 설정 – [도구 상자], [탐색기], [속성] 창 활성화

앞에서 3개의 창을 불러왔는데, 각각 어떤 창인지 알아보겠습니다. 우선 화면 오른쪽에 있는 ❸ [탐색기] 창은 게임에 있는 파트를 간단하게 정리해 놓은 창으로, 주로 맵을 만들다가 스크립트를 넣을 때 활용합니다. ❹ [속성] 창은 파트(블록)의 속성을 바꾸는 창입니다. ❺ [도구 상자] 창에서는 모델이나 플러그인 등을 불러올 수 있는데, 자세한 사용법은 뒤에서 설명하겠습니다.

❸ 다양한 파트 불러오기와 다루기

파트는 로블록스 게임을 만들 때 가장 중요한 기본 구성요소입니다. 로블록스 게임은 이 여러 가지 모양의 파트를 변형해서 조합한 결과물이라고 할 수 있습니다.

먼저 다양한 파트를 불러오고 다루는 방법을 알아보겠습니다. 파트에는 블록(block) 파트, 구(sphere) 파트, 쐐기(wedge) 파트, 코너 쐐기(corner wedge) 파트, 원통(cylinder) 파트가 있습니다. 이 파트를 불러와서 이동하고 크기를 조절하고 회전하는 방법을 알아보겠습니다.

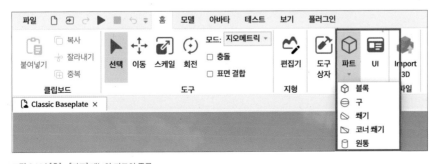

그림 2.14 | [홈]→[파트] 메뉴와 파트의 종류

화면 위쪽의 [홈] 메뉴를 클릭하면 그 아래로 [파트]라는 하위 메뉴가 보입니다. 이 [파트] 버튼을 그 대로 클릭하면 블록 모양의 파트가 화면 중앙에 나타납니다. 해당 메뉴의 아래쪽 ❶ 작은 삼각형을 클릭하면 다른 모양의 파트도 선택할 수 있습니다. 우선 각각 하나씩 불러와서 파트를 다루는 방법을 알아보겠습니다.

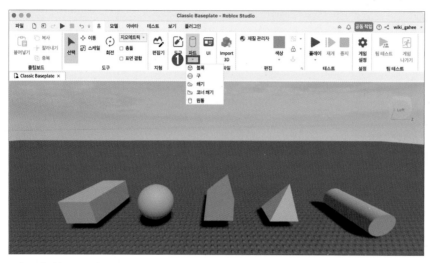

그림 2.15 | 로블록스 스튜디오에서 제공하는 다양한 파트

파트를 이동하는 방법에는 여러 가지가 있습니다. 이동하고자 하는 파트를 클릭한 후 [홈]의 하위 메뉴인 [이동]을 선택하면 선택한 파트에 여러 방향의 화살표가 생깁니다. 이때 이동하고자 하는 방향의 화살표를 마우스 왼쪽 버튼으로 꾹 누른 후 이동하면 파트가 그 방향으로 움직입니다.

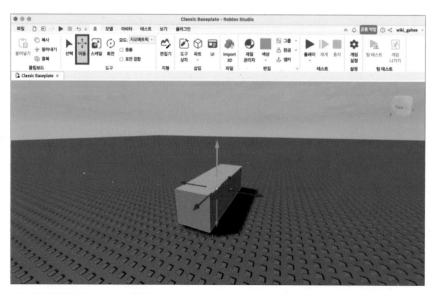

그림 2.16 | [홈]→[이동] 메뉴로 파트 이동하기

이번에는 파트 크기를 조절하는 방법을 알아보겠습니다. 앞에서와 마찬가지로, 크기를 조절하고자 하는 파트를 선택한 후 [홈]의 하위 메뉴 중 [스케일]을 클릭합니다.

이렇게 하면 다음 그림과 같이 파트 주변에 여러 색의 점이 생깁니다. 이 점들 중 늘리고자 하는 방향의 점을 마우스 왼쪽 버튼으로 클릭한 후 드래그하면 원하는 만큼 파트의 크기를 늘였다 줄였다 할 수 있습니다. 이렇게 해서 벽을 만들거나 할 수도 있습니다. 다만, 구 파트의 경우 도형 특성상 크기가 한 방향으로만 늘어나는 게 아니라 전 방향으로 늘어난다는 점에 유의하세요.

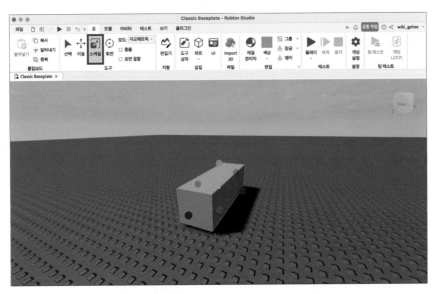

그림 2.17 | [홈]→[스케일] 메뉴로 파트의 크기 조절하기

파트를 회전하는 방법도 비슷합니다. [홈]의 하위 메뉴 중 [회전]을 클릭하면 선택한 파트를 둘러 싸는 3방향의 원이 생기는데, 회전하고자 하는 방향의 원을 선택해 마우스로 끌어 회전하면 됩니다.

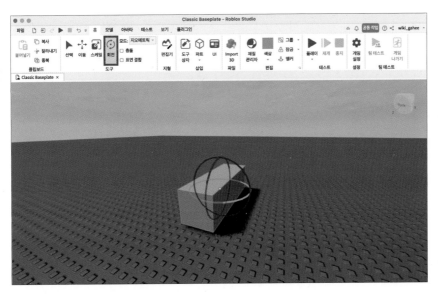

그림 2.18 | [홈]→[회전] 메뉴로 파트 회전하기

지금까지 로블록스 스튜디오를 사용할 때 가장 기본이 되는 파트를 추가하는 방법과 이동, 크기 조절, 회전 등 조작하는 방법을 알아봤습니다.

④ 파트 색깔과 재질 바꾸기

로블록스 스튜디오에서 파트를 만들면 기본으로 밋밋한 표면의 회색 파트가 생성됩니다. 이 파트의 색깔과 재질을 바꾸는 방법을 알아보겠습니다. 먼저 원하는 파트를 불러와 클릭한 후, [홈]의 하위 메뉴에서 [색상] 아래의 작은 화살표를 클릭합니다. 그러면 색상 팔레트가 나오는데, 여기서 원하는 색을 찾아 클릭하면 파트에 선택한 색이 적용됩니다.

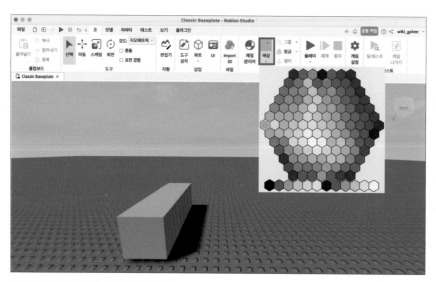

그림 2.19 | [홈]→[색상] 메뉴로 파트의 색상 바꾸기

파트의 재질도 한 번 바꿔보겠습니다. 기본 파트는 밋밋해서 다른 느낌을 주고 싶을 때 활용할 수 있는 기능입니다. 앞에서와 마찬가지로 재질을 바꾸고자 하는 파트를 클릭해 선택합니다. 앞에서 소개한 [색상] 메뉴 왼쪽 옆에 [재질 관리자] 메뉴가 있습니다. 이 메뉴를 이용하면 밋밋해 보이는 파트도 다양한 재질감으로 색다르게 표현할 수 있습니다. 가령 나무 느낌을 주고 싶으면 '나무판자'를 선택하고, 파트가 빛나게 하고 싶으면 '네온'을 선택하면 됩니다.

메뉴에서 [홈]→[재질 관리자]를 클릭하면 작업 화면 하단에 표현할 수 있는 재질의 종류와 재질의 느낌을 미리 알 수 있게 해당 재질이 적용된 공 모양을 게시해 보여줍니다. 이때 원하는 재질에 마우스를 가져가면 박스 오른쪽 상단에 작은 화살표 아이콘이 나타나는데, 이 아이콘을 클릭하면 작업 화면의 선택한 파트에 해당 재질이 적용되어 파트가 어떤 모습인지 확인할 수 있습니다. 원래 설정으로 돌아가려면 '플라스틱'을 선택하면 됩니다. 이 밖에도 다양한 재질이 있으니 한 번씩 클릭해 보면서 어떤 재질이 있는지 확인해 보세요.

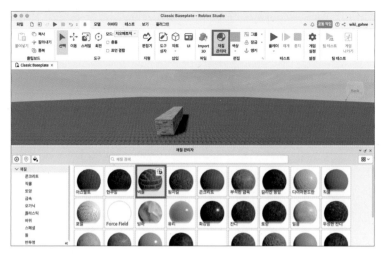

그림 2.20 | [홈]→[재질 관리자] 메뉴로 파트의 재질 바꾸기

이렇게 해서 파트의 색과 재질을 취향이나 목적에 맞게 변경하는 방법을 알아봤습니다.

⑤ 파트 쉽게 복사하고 붙여넣기

로블록스 게임을 보면 같은 장애물이나 구조물이 반복적으로 나타나는 모습을 종종 볼 수 있습니다. 게임 제작자 입장에서 게임의 모든 파트를 이렇게 일일이 만든다면 비효율적일 것입니다. 그래서 이 번에는 파트를 쉽고 빠르게 복사하고 붙여넣는 방법을 알아보겠습니다.

방법은 아주 간단합니다. 먼저 복사하고자 하는 파트를 선택한 후 ❶ [홈]→[복사]를 선택하거나 단축 키 Ctrl + C 키를 누릅니다. 그렇게 하면 화면상 보이지는 않지만, 파트가 복사된 상태입니다. 이 상 태에서 ❷ [홈]→[붙여넣기]를 선택하거나 단축키 Ctrl + V 키를 누르면 앞에서 복사한 파트가 기존 파트 바로 위에 붙여넣기 됩니다.

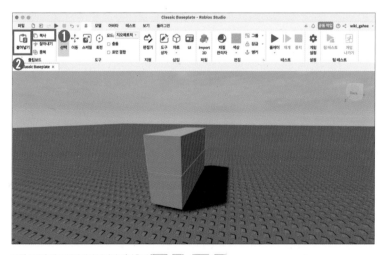

그림 2.21 | 파트 복사해서 붙여넣기(단축키 Ctrl + C → Ctrl + V)

이보다 더 간단한 방법으로, [홈]→[중복]을 선택하거나 단축키 Ctrl+D 키를 누르면 복사와 동시에 붙여넣기가 됩니다.

그림 2.22 | 복사와 동시에 붙여넣는 중복(단축키 Ctrl+D)

이때 [홈]→[회전] 오른쪽 '충돌' 옵션이 체크돼 있으면, 앞의 그림처럼 원본 파트 위에 복사한 파트가 붙여넣기 됩니다. 하지만 '충돌' 옵션이 선택되어 있지 않으면 원본 파트의 위치에 복사된 파트가 겹쳐서 복사되기 때문에 마우스로 원본 파트가 있는 위치에서 복사된 파트를 드래그해서 꺼내야만 눈으로 확인할 수 있습니다.

그림 2.23 | '충돌' 옵션을 선택해 복사된 파트가 원본 파트와 겹치지 않게 생성되게 한다.

이 복사 및 붙여넣기 기능은 파트를 다른 게임으로 옮기거나 다른 게임에서 파트를 가져올 때 유용하게 사용할 수 있습니다.

⑥ 투명한 파트와 불투명한 파트 만들기

✖ **완성 파일** : 예제 2.6, 예제 2.7.rbxl

이번에는 투명한 파트와 불투명한 파트를 만들어보겠습니다. 2.2절에서 로블록스 스튜디오 화면을 소개할 때 [속성] 창에 관해 간단히 소개했는데, 여기서 이 [속성] 창을 사용합니다.

먼저 ❶ 투명하게 만들고 싶은 파트를 클릭합니다. [속성] 창을 표시하기 위해서는 화면 위쪽 ❷ [보기]의 하위 메뉴 중 ❸ [속성]을 선택하면 됩니다. ❹ 화면에 속성 창이 생기면 제대로 된 것입니다.

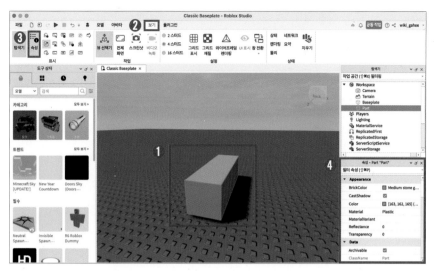

그림 2.24 | [보기]→[속성]을 선택해 작업 화면에 [속성] 창을 띄운다.

파트의 투명도는 이 [속성] 창의 [모양(Appearance)]→[Transparency]를 선택한 후, 숫자를 입력하거나 숫자 입력 칸 옆의 조절 바를 마우스로 끌어 이동하여 조절할 수 있습니다.

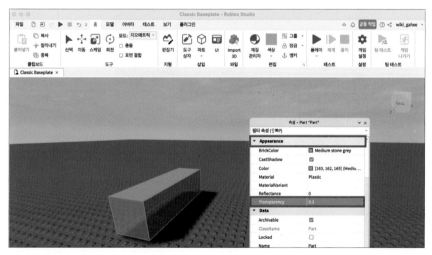

그림 2.25 | [속성] 창에서 파트의 투명도 설정하기

파트는 투명도 수치가 1에 가까울수록 투명해지고, 0에 가까울수록 불투명해집니다. 즉, 1로 설정하면 완전히 투명해지고, 0.5로 설정하면 반투명, 0으로 설정하면 완전히 불투명해집니다.

0 (불투명)   1 (투명)

이어서 이 절에서 사용한 [속성] 창을 이용해 통과 가능한 파트를 만들어보겠습니다.

 통과 가능한 파트 만들기

✖ **완성 파일** : 예제 2.6, 예제 2.7.rbxl

통과 가능한 파트는 로블록스 점프맵에 많이 나오는 파트입니다. 먼저 파트를 준비하고 [속성] 창을 엽니다. [속성] 창의 [충돌(Collision)]→[CanCollide]의 체크박스를 보면 체크 표시가 돼 있을 겁니다. CanCollide는 게임 내 개체들이 서로 부딪혔을 때의 충돌 여부를 나타내는데, 이 속성을 체크하면 플레이어가 해당 파트와 부딪혔을 때 충돌이 일어납니다. 즉, 통과할 수 없습니다. 하지만 [CanCollide] 체크박스의 체크를 해제하면 플레이어가 해당 파트에 닿아도 충돌이 일어나지 않습니다. 즉, 그 파트를 통과하게 됩니다.

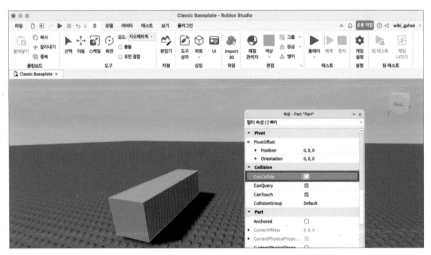

그림 2.26 | [속성] 창에서 파트를 통과 가능한 파트로 설정하기

파트를 통과 가능한 파트로 설정해도 현재 상태에서는 달라진 점은 확인할 수 없습니다. 설정한 내용을 확인하고 싶으면, [홈]→[플레이] 메뉴를 눌러 실행해 봐야 합니다. 이 버튼을 클릭하면 만들고 있던 게임이 로딩됩니다. 그런데 플레이하여 결과를 확인해 보면 작업한 파트가 보이지 않을 것입니다. 어떻게 된 걸까요? 그것은 파트를 통과 가능하게 만들었기 때문에 파트가 베이스플레이트(바닥)를 통과해 밑으로 떨어져서 그렇습니다.

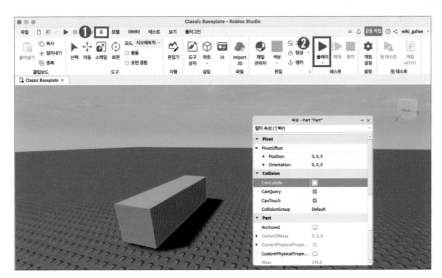

그림 2.27 | [홈]→[플레이] 버튼을 누르면 게임이 실행된다.

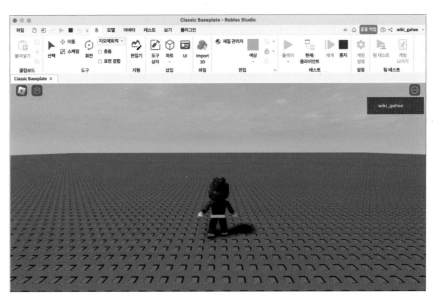

그림 2.28 | 게임을 실행해 보면 작업한 파트가 보이지 않는다.

플레이를 멈추고 원래 작업 화면으로 돌아가려면 [플레이] 오른쪽의 [중지]를 클릭하면 됩니다.

그림 2.29 | [플레이] 메뉴와 [중지] 메뉴

파트가 베이스플레이트(바닥)를 통과해 밑으로 떨어지는 현상을 방지하려면 파트를 고정시켜야 합니다. 파트를 고정하는 방법은 간단합니다. 먼저 ❶ 고정하고자 하는 파트를 클릭한 후 [홈]의 하위 메뉴 중 ❷ [앵커]를 클릭합니다.

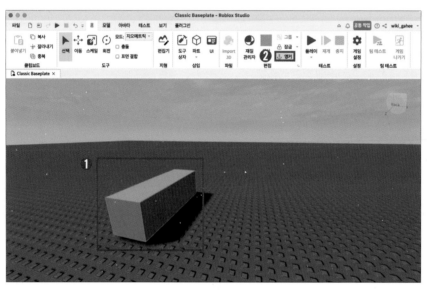

그림 2.30 | [앵커]로 파트 고정하기

실제 게임을 만들 때는 모든 파트를 마우스로 드래그해서 선택한 후 [앵커]를 클릭해 고정해줘야 합니다. 파트를 하늘에 떠 있게 하고 싶을 때도 같은 방법을 이용합니다. 이렇게 한 후 다시 [플레이] 버튼으로 확인해 보면 이제 파트가 보이고, 아바타를 움직였을 때 아바타가 그 파트를 통과하는 것을 확인할 수 있을 것입니다.

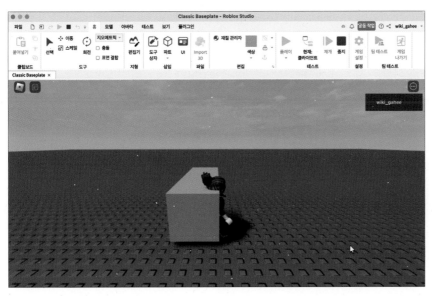

그림 2.31 | 아바타가 통과 가능한 파트를 통과해 나오는 모습

속성	설명
모양(Appearance) → Transparency	파트의 투명도 설정 0: 불투명 0.5: 반투명 1: 투명
충돌(Collision) → CanCollide	충돌 여부 체크: 충돌 발생, 파트 통과 불가능 체크 해제: 충돌 일어나지 않음, 파트 통과 가능

표 1.2 | Transparency 속성과 CanCollide 속성

⑧ 킬 파트와 조금씩 체력이 닳는 파트 만들기

✂ **준비 파일** : 예제 2.8_시작.rbxl   ✂ **완성 파일** : 예제 2.8.rbxl

이번에는 플레이어가 닿으면 바로 죽는 킬 파트와 체력을 조금씩 닳게 하는 파트를 만들어 보겠습니다. 킬 파트와 체력이 닳는 파트는 게임에서 여러모로 활용도가 높으니 만드는 방법을 알아두면 유용합니다. 여기서 처음으로 간단한 스크립트를 이용할 텐데, 스크립트라고 해서 너무 어렵게 생각하지 말고 차근차근 따라하면 누구나 쉽게 사용할 수 있습니다.

 예제 파일 중에서 준비 파일(예제 2.8_시작.rbxl)을 더블 클릭해 열면 킬 파트로 사용할 블록 파트가 준비돼 있습니다. 빠르게 따라하고 싶은 분은 준비 파일을 이용해주세요.

◉ 킬 파트 만들기

킬 파트를 만들 때는 앞에서 소개한 [탐색기] 창을 이용합니다. 먼저 파트를 하나 선택해 길쭉하게 만들어보겠습니다. 모양과 색깔은 자신이 원하는 대로 설정하면 됩니다.

그림 2.32 | 블록 파트를 이용해 만든 킬 파트(모양, 색상은 자유롭게 만들어주세요.)

킬 파트로 만들고자 하는 파트를 선택하면 ❶ [탐색기] 창의 ❷ [Workspace]→[Part] 부분이 파란색으로 선택되어 표시됩니다. 이때 마우스를 그 부분으로 가져가면 ❸ [Part] 옆에 + 버튼이 나타나는데, + 버튼을 누르면 여러 가지 하위 메뉴가 나타납니다. 그중 ❹ [Script]를 클릭하면 하얀색 바탕의 스크립트 창이 열립니다.

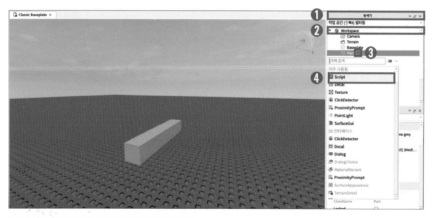

그림 2.33 | [탐색기] 창에서 파트에 대한 스크립트 창 열기

스크립트 창의 1번 줄에 스크립트가 한 줄 있는데, 모두 삭제하고 다음 스크립트를 입력합니다.

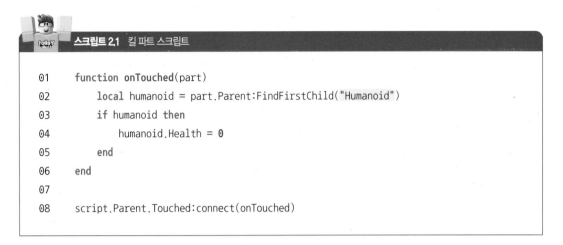

```
01      function onTouched(part)
02          local humanoid = part.Parent:FindFirstChild("Humanoid")
03          if humanoid then
04              humanoid.Health = 0
05          end
06      end
07
08      script.Parent.Touched:connect(onTouched)
```

이 스크립트는 플레이어(humanoid)가 파트를 터치했을 때 체력을 0으로 만들어서 죽게 만드는 스크립트입니다.

스크립트를 입력할 때는 대소문자를 정확하게 구분해 입력해야 오류가 나지 않습니다. 스튜디오 안의 모든 개체는 고유의 이름을 가집니다.

킬 파트 모델 내려받기

스크립트 작성이 어려운 분들은 킬 파트 모델을 다운로드 받아 사용해주세요.

1. 인터넷 ❶ 주소창에 다음 링크를 입력한 후 ❷ [획득] 버튼을 클릭합니다.

- 킬 파트 모델 다운로드 주소: https://www.roblox.com/library/8038773083/unnamed

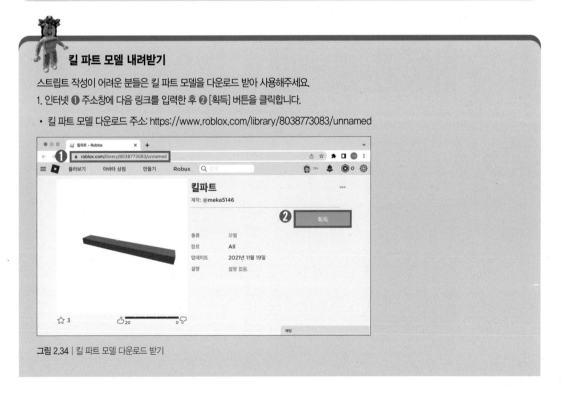

그림 2.34 | 킬 파트 모델 다운로드 받기

2. 아이템을 획득할 것인지 묻는 창이 나오면 [지금 획득] 버튼을 클릭합니다.

그림 2.35 | [지금 획득] 버튼 클릭

3. 모델을 다운로드 받으면 로블록스 스튜디오의 ❶ [도구 상자]→[인벤토리]에 모델이 들어갑니다. 만약 도구 상자 창이 보이지 않는다면 ❷ [홈]→[도구 상자]를 선택해주세요.

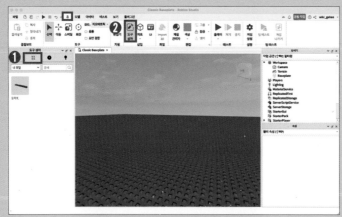

그림 2.36 | [도구 상자]→[인벤토리]에 추가된 모델

4. 인벤토리에 있는 모델을 선택하면 화면에 모델이 추가됩니다. 킬 파트가 필요할 때마다 모델을 꺼내 사용해주세요.

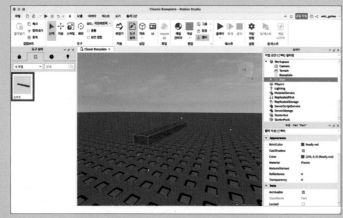

그림 2.37 | 킬파트 모델을 클릭해 추가하기

스크립트를 입력한 후 위쪽 탭의 ⊠ 표를 눌러 스크립트 창을 닫아줍니다.

```
  Classic Baseplate ×      Script ×
1  ▼ function onTouched(part)
2        local humanoid = part.Parent:FindFirstChild("Humanoid")
3  ▼     if humanoid then
4            humanoid.Health = 0
5        end
6    end
7
8    script.Parent.Touched:connect(onTouched)
9    |
```

그림 2.38 | 스크립트를 입력한 후 ⊠ 표를 눌러 스크립트 창을 닫는다.

그러면 오른쪽 [탐색기] 창에 스크립트가 입력된 상태로 원래 베이스플레이트 화면으로 돌아옵니다. 이렇게 하면 킬 파트가 완성되고 테스트를 통해 어떻게 작동하는지 확인할 수 있습니다. [플레이] 버튼을 눌러 게임을 로딩한 후 플레이어를 킬 파트 쪽으로 가져가면 플레이어의 몸이 킬 파트와 닿는 순간 산산조각 나는 것을 확인할 수 있습니다.

그림 2.39 | 킬 파트에 닿아 몸이 산산조각 난 플레이어

◉ 체력을 닳게 하는 파트 만들기

체력을 조금씩 닳게 하는 파트도 비슷한 과정을 거쳐 만들 수 있습니다. 앞에서 만든 킬 파트와 별도로 파트를 하나 더 만들어줍니다.

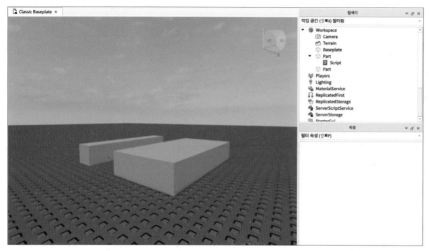

그림 2.40 | 체력을 닳게 하는 파트 만들기

새로 만든 파트를 선택한 후 [탐색기] 창의 [Workspace]→[Part]로 가서 [Script]를 클릭해 스크립트 창을 엽니다.

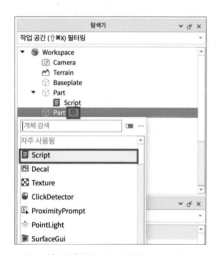

그림 2.41 | [탐색기] 창에서 파트에 대한 스크립트 창 열기

여기서도 기존 스크립트를 지우고 다음 스크립트를 입력합니다.

스크립트 2.2 조금씩 체력을 닳게 하는 스크립트

```
01    local pause = false
02
03    function onTouched(part)
04        local humanoid = part.Parent:FindFirstChild("Humanoid")
05        if humanoid and pause == false then
06            pause = true
07            humanoid:TakeDamage(5)
08            wait(0.2)
09            pause = false
10        end
11    end
12
13    script.Parent.Touched:connect(onTouched)
```

앞에서와 같이 스크립트를 입력하고 나서 스크립트 창을 닫고 게임 만들기 화면으로 돌아와 플레이해 보면, 플레이어가 해당 파트에 닿을 때마다 오른쪽 위 체력을 나타내는 바에 색으로 체력이 소진되는 상태가 표시되는 것을 확인할 수 있습니다.

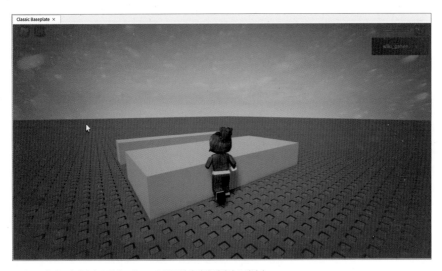

그림 2.42 | 닿으면 체력이 소진되는 파트 – 오른쪽 위에 잔여 체력이 표시된다.

체력이 소진되는 정도는 스크립트 2.2의 7번째 줄 humanoid:TakeDamage(5)에서 바꿀 수 있습니다. 괄호 안의 숫자를 5에서 10으로 변경하면, 플레이어의 최대 체력이 100이므로 플레이어가 파트에 10번 닿으면 죽게 됩니다.

이렇게 킬 파트와 몸에 닿으면 체력을 닳게 하는 파트를 만들어봤는데, 여러 개를 만들고자 할 경우 일일이 스크립트를 입력하거나 복사해서 넣을 필요가 없습니다. 앞에서 설명했듯이, 그럴 때는 스크립트가 적용된 파트를 Ctrl+D로 복사하고 붙여넣기를 해서 빠른 시간에 여러 개를 만들 수 있습니다.

9 탈 수 있는 회전 파트 만들기

✖ **준비 파일** : 예제 2.9_시작.rbxl   ✖ **완성 파일** : 예제 2.9.rbxl

이번에는 회전하는 파트를 만들어보겠습니다. 먼저 파트(블록) 두 개를 만들어 위아래로 쌓아 놓습니다. 밑에 있는 파트는 지지대 역할을 하고, 위에 있는 파트는 회전하게 만들어보겠습니다. 이때 위쪽 파트는 [이동] 기능을 이용해 공중으로 띄우고 [스케일]을 이용해 크기도 적당히 키우겠습니다. 파트 모양은 각자 원하는 것으로 선택하면 됩니다.

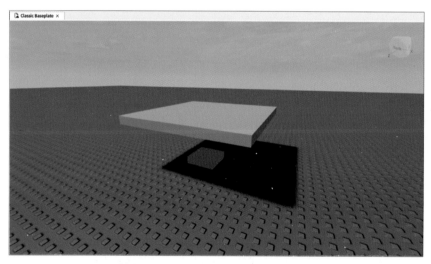

그림 2.43 | 회전 파트를 만들기 위한 파트 2개

이렇게 준비가 됐으면 메뉴에서 [모델]을 클릭합니다. 하위 메뉴 중 오른쪽의 [만들기] 아래 화살표를 클릭하면 나오는 항목 중 [힌지]를 클릭합니다.

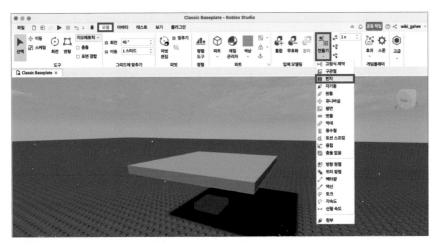

그림 2.44 | [모델] → [만들기]의 [힌지] 선택

그러면 마우스 커서가 노란색 화살표가 달린 모양으로 바뀌는데, 그 상태로 아래쪽 파트 중앙을 클릭한 후 위쪽 파트에 이어줍니다. 연결 점이 정중앙이 아니어도 작동은 하겠지만, 정중앙을 맞춰주면 더 안정적으로 회전하게 할 수 있습니다.

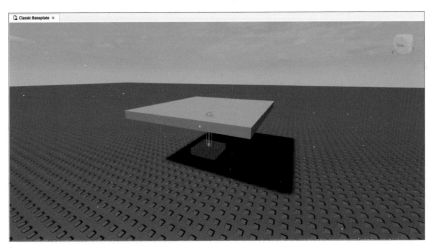

그림 2.45 | 두 파트를 힌지로 연결한다.

이어서 아래쪽 파트를 클릭한 후 [탐색기] 창에서 [Workspace]→[Part]를 선택합니다. 그 아래로 2개의 항목이 나오는데, 그중 ❶ [HingeConstraint]를 선택합니다. 이때 [속성] 창을 보면 ❷ [Hinge]→[ActuatorType]이 있는데, 이 값을 None에서 Motor로 바꿔줍니다. 그렇게 하면 그 아래로 [Motor]라는 항목이 하나 더 생성됩니다.

그림 2.46 | 아래쪽 파트를 선택하고 [탐색기] 창과 [속성] 창에서 설정할 사항

여기서 [AngularVelocity]와 [MotorMaxTorque] 값을 수정할 텐데, ❹ [MotorMaxTorque]는 아래쪽 파트가 버틸 수 있는 무게를 나타냅니다. 이 값은 무한으로 설정해도 상관없지만, 그럴 경우 속도가 너무 빨라지기 때문에 여기서는 100000으로 설정하겠습니다. 아주 큰 파트라면 숫자를 좀 더 키워야 하지만, 일반적으로 자주 사용하는 웬만한 파트는 이 정도의 값으로도 충분합니다.

❸ [AngularVelocity]는 쉽게 말하자면 회전 속도를 설정하는 부분인데, 이 값은 2나 3 정도로 작게 설정해도 빠르게 회전합니다. 테스트를 해보면서 적절한 값을 설정해주세요. 그리고 아래쪽 파트는 앵커로 고정하고 위쪽 파트는 고정하지 않습니다.

이제 [플레이] 버튼을 누르면 회전하는 파트를 확인할 수 있을 겁니다.

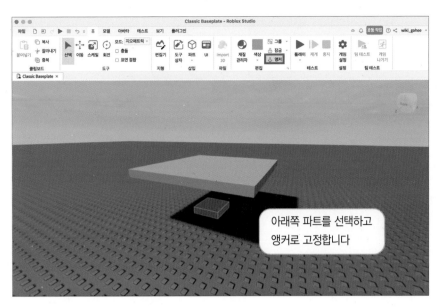

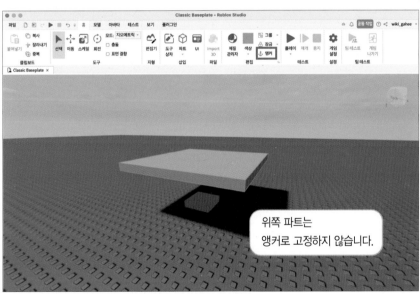

그림 2.47 | 아래쪽 파트는 앵커로 고정하고, 위쪽 파트는 앵커로 고정하지 않음

이렇게 해서 회전하는 파트를 만들어봤습니다.

그림 2.48 | 회전하는 파트에 올라탄 아바타

 파트 구멍내기와 잘라내기

✂ **준비 파일** : 예제 2.10_시작.rbxl　　✂ **완성 파일** : 예제 2.10.rbxl

이번에는 파트를 구멍내고 잘라내는 방법을 알아보겠습니다.

먼저 파트에 구멍을 내보겠습니다. 파트에 구멍을 내기 위해서는 2개의 파트가 필요합니다. 구멍을 내고자 하는 파트 A와 그 파트에 구멍을 낼 조금 더 작은 파트 B입니다. 어느 정도 구멍을 낼지 파트 B의 크기를 조정하여 맞춰줍니다. 이때 파트 A와 파트 B의 겹치는 면이 같은 평면에 있지 않게 파트 B를 밖으로 꺼내 튀어나오게 해줍니다.

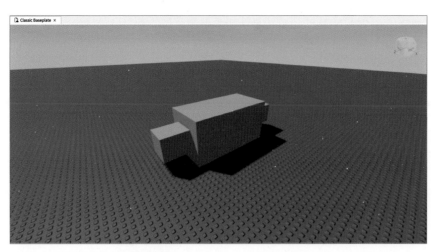

그림 2.49 | 구멍을 내기 위해 파트를 겹쳐 놓은 모습

파트 A와 파트 B가 겹쳐지지 않는다면 파트를 선택하고 [홈]→[충돌] 체크 박스를 해제해주세요.

이 상태에서 ❶ 파트 B를 선택하고 [모델]의 하위 메뉴 중 ❷ [무효화]를 선택합니다. 그러면 파트 B의 색깔이 바뀌면서 투명해집니다.

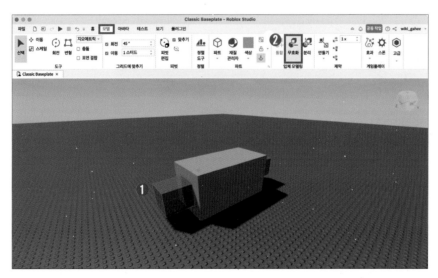

그림 2.50 | 파트 B를 선택하고 모델→무효화 선택

이어서 ❶ 키보드의 Ctrl 버튼을 누른 상태에서 파트 A와 파트 B를 모두 선택하고 [모델]의 하위 메뉴 중 ❷ [통합]을 클릭하면 아주 말끔하게 파트에 구멍이 생깁니다.

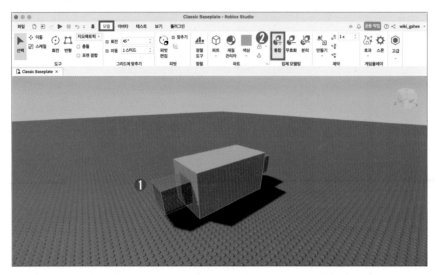

그림 2.51 | 구멍을 만들기 위한 [통합] 메뉴

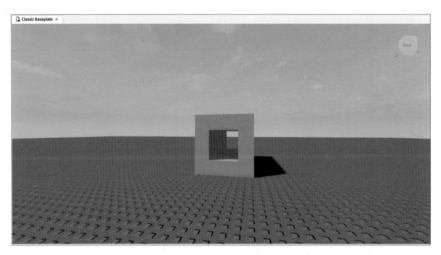

그림 2.52 | 구멍을 낸 파트

단, 이렇게 파트에 구멍을 내어 플레이어를 통과하게 하는 것은 추천하지 않습니다. 그렇게 파트를 만들 경우 버그가 자주 발생합니다. 사각형 형태의 구멍이 난 파트를 만들려면 블록 파트 4개를 각각 이어 붙여서 만드는 방법을 추천합니다. 파트에 구멍내는 방법은 주로 원통에 사용하면 좋습니다.

파트에 구멍내기는 필요에 따라 여러 번 해도 상관없습니다. 또한 파트 B의 위치나 크기에 따라 파트에 구멍을 내는 것뿐만 아니라 자르는 효과를 낼 수도 있습니다. 방법은 구멍내기와 마찬가지로 [모델]의 하위 메뉴에 있는 [무효화]를 사용합니다. 다음 그림과 같이 대각선 방향으로도 파트를 자를 수도 있습니다.

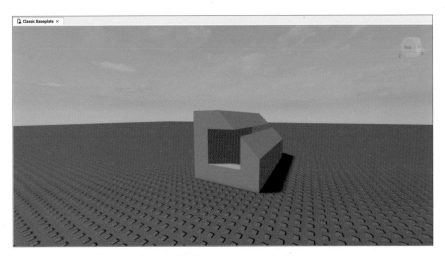

그림 2.53 | 파트 구멍내기 후 대각선 방향으로 파트를 잘라낸 모습

3장

게임 기획하기

게임을 만들려면 먼저 어떤 게임을, 어떤 기능과 요소를 넣어서, 어떤 스토리라인으로 전개하여 구현할지를 고민해야 합니다. 이번 장에서는 게임 장르와 스토리를 정하고, 게임에 필요한 요소를 정해 기획하는 방법을 살펴봅니다.

'로블록스 스튜디오를 이용하면 누구나 쉽게 게임을 만들 수 있다는데, 나도 게임 하나 만들어 볼까?' 라는 생각으로 이 책을 집어 든 독자도 있을 겁니다. 로블록스 스튜디오를 다룰 줄 안다고 해서 누구나 좋은 게임을 만들 수 있는 것은 아닙니다. 게임을 만들려면 먼저 어떤 게임을, 어떤 기능과 요소를 넣어서, 어떤 스토리라인으로 전개하여 구현할지를 고민해야 합니다.

이렇게 게임을 본격적으로 만들기 전에 먼저 구상하고 계획을 세우는 것을 '게임 기획'이라고 합니다. 여기서는 게임 기획을 어떻게 하면 좋을지 알아보겠습니다.

① 게임 장르와 스토리 정하기

앞에서 말했듯이 로블록스 게임을 만들려면 먼저 게임을 기획해야 합니다. 기획 단계에서는 게임의 장르를 정하고, 스토리와 요소를 찾는 것이 중요합니다.

게임의 장르를 정할 때는 로블록스에 이미 있는 게임의 장르를 살펴보면 도움이 됩니다. 로블록스의 게임 장르는 어드벤처, 점프맵, 시뮬레이터, 타이쿤, 롤플레이 등 다양합니다. 직접 인기 게임을 플레이해 보면서 어떤 장르가 좋을지 알아보고, 장르별로 여러 게임을 플레이해 보면서 쉽게 만들 수 있는 게임이 무엇일지 아이디어를 얻을 수 있습니다. 처음부터 너무 어려운 목표를 세우기보다는 자신이 만들 수 있는 기초적인 것부터 시작하는 게 좋습니다.

가령 플레이하기가 쉬운 점프맵이라든지, 인기가 많은 '입양하세요!' 스타일의 게임, 좀비 게임 등을 직접 플레이하면서 사람들이 어떤 장르를 좋아하고 재미있어 할까를 고민해 보면 좋을 것입니다. 올림픽 시즌이라면 '올림픽'도 하나의 장르가 될 수 있습니다.

장르를 정한 다음에는 게임의 스토리를 만들어야 합니다. 좀비 게임이라면 좀비가 언제, 얼마나 나타나게 할지, 배경을 밝게 할지, 어둡게 할지도 게임의 스토리가 될 수 있습니다. 이때도 역시 자신이 만들고자 하는 장르의 게임을 다양하게 플레이해 보면서 기존 게임에는 없는 콘텐츠를 생각해 내고 새로운 콘텐츠를 게임에 넣으면 다른 게임과 차별성을 둘 수 있습니다.

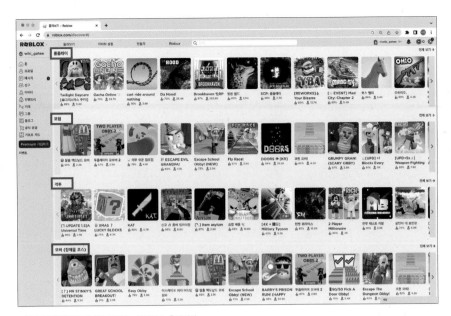

그림 3.1 | 장르별로 나뉘어 표시되는 로블록스 홈페이지

2 게임에 필요한 요소 정하기

게임의 장르와 스토리를 정했다면, 다음으로 게임에 필요한 요소를 찾아야 합니다. 가령 점프맵이라는 장르를 택했다면, 해당 장르의 게임을 플레이해 보면서 장애물은 어떤 식으로 넣는 것이 좋을지, 화면에 어떤 버튼이 있는지 등 앞으로 만들 게임에 적용할 만한 요소가 어떤 것이 있는지 아이디어를 찾는 것이 중요합니다.

그림 3.2 | 여러 게임을 플레이해 보면서 내가 만들 게임에 어떤 요소를 넣으면 좋을지에 대한 아이디어를 얻을 수 있다. (출처: '핵꿀잼 장애물 달리기' @meka5146)

이렇게 다른 게임을 플레이하면서 좋다고 생각했던 요소라도 그것을 그대로 가져다가 쓰면 사용자에게 다른 게임을 따라 만들었다는 느낌을 줄 수 있으니 주의해야 합니다. 따라서 다른 게임의 요소를 똑같이 따라하기보다는 다른 게임에서 사용한 색싱 톤이나 장애물의 형태, 버튼의 모양 등을 적절히 수정해서 쓰는 게 좋습니다. 가령 질감이나 배열 등을 바꿔서 사용하는 방법도 있습니다. 처음 로블록스 게임을 만드는 사용자라면 어쩔 수 없이 기존 게임을 모방해서 만들게 될 텐데, 그렇더라도 자신만의 개성을 살려서 맵을 만드는 것이 중요합니다.

또한, 기획 단계에서 게임 참여자를 몇 명으로 제한할지, 섬네일 이미지는 어떤 것을 사용할지 등의 세세한 부분도 정해야 합니다.

로블록스 게임 기획서

게임명	
주제	어드벤처, 점프 맵, 시뮬레이터, 타이쿤, 롤플레이, 대전, 기타
장르	
스토리	
유사게임	

4장

게임
만들기

이번 장에서는 스폰포인트, 체크포인트, 도구 상자와 같은 간단한 기능부터 게임 배경을 설정하고, 텔레포트 할 수 있는 파트까지 게임을 만드는 데 필요한 여러 가지 기술을 살펴봅니다. 이 장에서 다루는 기술을 하나씩 만들어 가다 보면 어느 순간 멋진 게임을 만들 수 있을 것입니다.

3장의 내용을 토대로 게임을 기획했다면, 이제 기획한 내용을 바탕으로 게임을 만들 차례입니다. 이번 장에서는 로블록스 게임을 만들 때 필요한 여러 가지 기술과 알아두면 도움이 될 만한 팁을 살펴보겠습니다.

로블록스 게임을 만들 때는 먼저 로블록스 스튜디오를 켜고 기본 맵을 불러와야 합니다. 컴퓨터에 설치되어 있는 로블록스 스튜디오를 열면 첫 화면에 ❶ [+ 새로 만들기]가 선택되어 있고 다양한 맵 템플릿이 표시됩니다. 이때 맨 앞에 있는 기본 맵인 ❷ [BasePlate]를 클릭해서 게임 만들기 화면으로 들어갑니다.

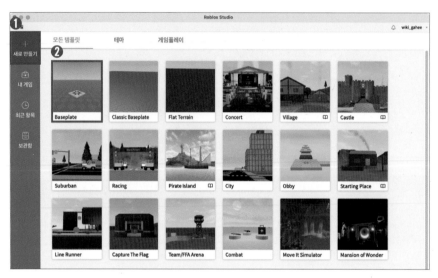

그림 4.1 | 로블록스 스튜디오의 첫 화면. 원하는 템플릿을 선택할 수 있다.

[Baseplate]를 클릭했을 때 다음 화면이 나타난다면 로블록스 게임을 만들 준비가 된 것입니다.

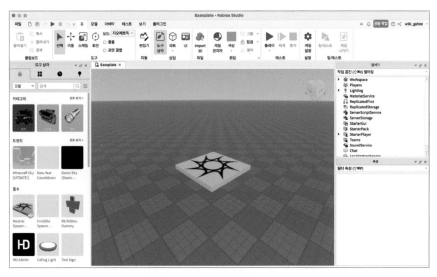

그림 4.2 | 맵 템플릿을 클릭하면 나타나는 로블록스 스튜디오 첫 작업 화면

이제부터 로블록스 스튜디오에서 사용할 수 있는 다양한 도구의 사용 방법을 알아보고 게임을 만들 때 기초가 되는 부분부터 게임 내 다양한 효과를 켜거나 끄고(On/Off) 여러 가지 옵션을 바꾸는 방법을 알아보겠습니다.

그럼 하나씩 알아볼까요?

① 스폰포인트 설치하기

로블록스 게임을 만들 때 활용할 수 있는 유용한 기술 중 가장 먼저 살펴볼 것은 스폰포인트와 체크포인트를 다루는 법입니다. 스폰포인트와 체크포인트를 간단히 설명하자면, 스폰포인트란 게임을 플레이할 때 플레이어가 나타나는 지점을 말하고, 체크포인트는 플레이어가 게임 중간에 죽었을 때 생성되는 지점(스폰포인트 외)을 말합니다.

먼저 스폰포인트에 관해 알아보겠습니다. 앞에서 말했듯이, 스폰포인트란 게임을 플레이했을 때 플레이어가 소환(스폰)되는 지점을 말합니다. 스폰을 설치하면 플레이어가 그 위치에서 게임을 시작합니다. 핵꿀잼 장애물 달리기 게임에서 게임을 플레이했을 때 처음 플레이어가 위치한 곳이 바로 스폰포인트입니다.

그림 4.3 | 게임을 플레이했을 때 처음 플레이어가 소환되는 장소인 스폰포인트 (출처: '핵꿀잼 장애물 달리기' @meka5146)

새 버전의 로블록스 스튜디오에서는 Baseplate 템플릿을 선택하면 기본으로 스폰이 하나 나타납니다. 그렇지 않고 스폰이 포함되지 않은 템플릿으로 시작하는 경우에는 [모델]의 하위 메뉴에 [스폰]이 있는데, 그것을 클릭하면 스폰이 무대 위로 소환됩니다.

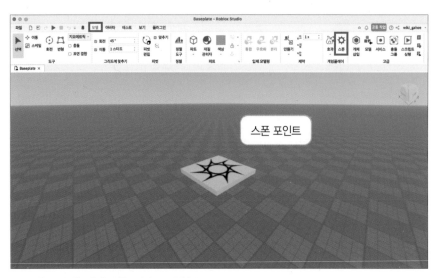

그림 4.4 | 메뉴에서 [모델]→[스폰]을 클릭해 스폰 생성하기

스폰포인트를 여러 개 설치할 수도 있는데, 그럴 경우 플레이어가 죽었을 때 스폰을 놓은 위치에서 랜덤하게 플레이어가 스폰됩니다.

용어 설명

- **스폰(Spawn):** 플레이어 생성
- **스폰포인트(SpawnPoint):** 플레이어가 생성되는 자리
- **체크포인트(CheckPoint):** 플레이어가 체크포인트를 밟고 지나간 후 죽으면 스폰포인트가 아닌 체크포인트에서 다시 태어남(게임 중간의 플레이어 생성 지점)

이때 맵에서 스폰을 선택하면 [탐색기] 창에서는 [Workspace]→[SpawnLocation]이 선택되는데, 그 상태로 [속성] 창을 살펴보겠습니다. [속성] 창의 [모양(Appearance)]→[Transparency]에서 '2.6 투명한 파트와 불투명한 파트 만들기' 절에서 설명한 방법대로 투명도를 1로 설정하면 스폰포인트를 투명하게 만들 수 있습니다.

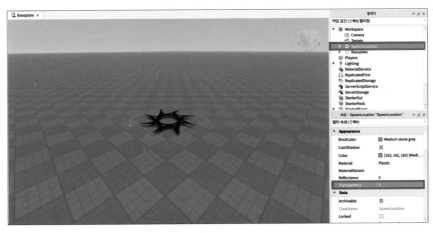

그림 4.5 | 스폰포인트를 투명하게 만들기

또한 스폰을 더블 클릭하면 중앙의 검은색 스폰 이미지가 선택되는데, 키보드의 Delete 키를 이용해 이 이미지도 삭제할 수 있습니다. 이런 식으로 하면 스폰포인트를 완전히 투명하게 만들 수 있습니다.

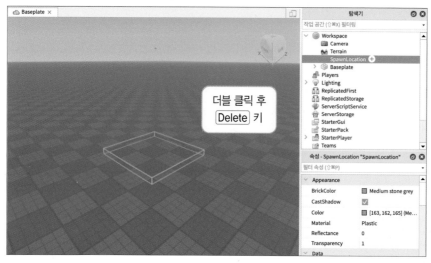

그림 4.6 | 스폰 이미지 삭제하기

스폰포인트와 더불어 체크포인트도 많이 사용하는데, 체크포인트는 앞에서 말했듯이 게임 중간에 플레이어가 죽었을 때 시작 지점(스폰포인트)이 아닌 다른 지점에서 플레이어를 소환할 수 있게 해줍니다. 단, 이 기능은 플레이어가 게임 도중 체크포인트를 밟고 지나갔을 때만 적용됩니다.

핵꿀잼 장애물 달리기 게임에서는 플레이어가 죽었을 때 시작 지점(스폰포인트)에서 소환되지 않고, 각 스테이지의 시작 지점(체크포인트)에서 소환되므로 첫 번째 스테이지부터 다시 하지 않고, 실패한 스테이지부터 게임을 즐길 수 있습니다.

그림 4.7 | 플레이어가 게임 중간에 죽게 되면 각 스테이지의 시작 지점인 체크포인트에서 소환된다.(출처: '핵꿀잼 장애물 달리기' @meka5146)

그런데 이 체크포인트는 실력이 뛰어난 개발자들도 직접 만들어 사용하지는 않습니다. 이미 만들어진 것이 다양하게 제공되기 때문입니다. [도구상자] 창에서 ❶ [모델]을 선택하고 ❷ 'checkpoint'[1]라고 검색하면 다양한 체크포인트 옵션이 제공됩니다. 검색 결과로 나타난 체크포인트 모델 위에서 마우스를 이동하면 각 모델 하단에 사용자 만족도(%)와 다운로드 횟수(+숫자)가 표시되는데, 그 수치를 보고 적당한 것을 선택해 사용하면 됩니다.

그림 4.8 | 체크포인트 검색 및 선택 방법 – [도구상자]→[모델] 선택 후 'checkpoint'로 검색하여 만족도와 다운로드 횟수를 참고로 하여 적당한 것을 선택한다.

② 도구상자 알아보기

앞에서 체크포인트를 검색할 때 도구상자를 이용했는데, 이 [도구상자] 창에 관해 좀 더 자세히 알아보겠습니다. 도구상자의 사용법과 장단점, 바이러스에 대해 살펴봅니다.

도구상자의 아이템을 사용했다가 바이러스를 얻을 수 있다는 말을 듣고 나서 도구상자를 아예 사용하지 말아야겠다고 생각하는 사람도 있습니다. 하지만 바이러스를 갖고 있는 모델이나 아이템은 극히 일부일뿐더러 바이러스가 있는 것을 가져다 썼다고 해서 게임 자체가 사라지거나 못 쓰게 되는 것은 아니므로 필요에 따라 적절히 활용하는 것이 좋습니다.

---

1 로블록스 스튜디오의 도구상자에서 검색할 때는 영문으로 검색해야 합니다. 한글로 검색할 경우 원하는 결과를 찾지 못할 수 있습니다.

도구상자를 이용해 가장 많이 사용하는 기능은 '모델'을 검색해서 이미 만들어진 다양한 모델을 가져다 쓰는 것입니다. 도구상자에서 검색되는 것은 대부분 로블록스 사용자들이 만들어 올리는 것입니다. 그러다 보니 일부 악의적인 사용자가 바이러스가 포함된 모델을 올리기도 하는데, 아직까지 심각한 바이러스가 나타난 적은 없습니다.

예를 들어 [도구상자]→[모델]에서 어떤 모델을 가져온 후 플레이해 보면, 해당 모델을 유료 구매할 것인지 물어보는 팝업창이 뜨는 경우가 있습니다. 이것은 이 모델을 만든 사람이 팝업창이 뜨도록 스크립트를 넣은 것으로, 플레이어가 게임을 플레이 할 때 불필요한 방해 요소가 됩니다.

바이러스의 주요 증상에는 다음과 같은 것이 있습니다.

- 다른 게임으로 강제 이동
- 개발자의 의도와 상관없는 구매 버튼 창 활성화
- 특정 권한을 바이러스에 심어둔 악성 유저에게 지급
- 게임 랙 외 다양한 증상

하지만 게임에 바이러스가 설치되었더라도 게임상 다양한 증상을 보일 뿐이지 개인 컴퓨터에 문제가 생기는 것은 아니니 크게 걱정하지 않아도 됩니다. 또한, 의자처럼 별도의 동작이나 기능이 필요 없는 경우에는 ㄱ 모델에 포함된 스크립트를 삭제함으로써 방해 요소를 간단하게 없앨 수 있습니다.

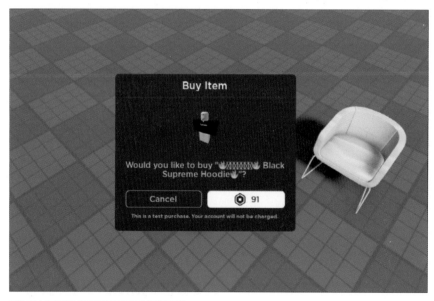

그림 4.9 | 구매 버튼 창 형식의 바이러스가 포함된 모델

팝업창이 뜨지 않게 하려면 [도구상자]에서 다운로드 받아 설치한 파트나 모델을 [탐색기] 창에서 찾아 그 아래의 [Script]에서 필요 없는 스크립트를 삭제하거나 스크립트 자체를 삭제하면 됩니다.

그림 4.10 | 모델에 포함된 바이러스 스크립트를 삭제할 수 있다.

이렇게 바이러스는 대부분 간단하게 해결할 수 있는 문제이므로 이미 만들어진 모델을 가져다 쓰는 것이 편리합니다. 그리고 앞에서도 언급했듯이, 바이러스 스크립트가 있는 모델은 소수입니다.

한편, 크리스마스 트리처럼 많은 요소로 이루어진 모델이라면 일일이 [탐색기] 창에서 파트에 스크립트가 들어 있는지 아닌지를 찾아보기가 어려울 수 있습니다. 이러한 경우를 위해 바이러스를 검출하는 플러그인이 준비되어 있습니다. 플러그인은 게임을 만들 때 여러 모로 도움을 얻을 수 있는 도구인데, 설치하려면 브라우저에서 다음 주소를 입력합니다.

- https://www.roblox.com/library/142273772/Ro-Defender-Plugin-v8-7
  (단축 주소: https://url.kr/48porq)

그러면 다음과 같은 로블록스의 해당 플러그인 설치 화면으로 이동합니다.

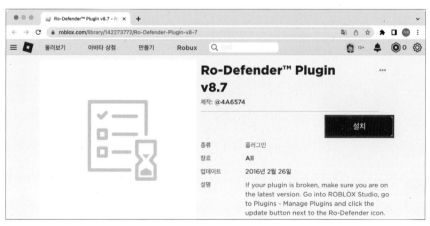

그림 4.11 | 로블록스의 바이러스 검사 플러그인 설치 화면

화면의 [설치] 버튼을 클릭하면 플러그인 설치가 진행되고, 설치가 완료된 후 로블록스 스튜디오를 확인하면 [플러그인] 메뉴 하단에 새로운 플러그인이 하나 생성되어 있을 것입니다.

[바이러스 검사 플러그인을 다운로드 하기 전]

[바이러스 검사 플러그인을 다운로드 한 후]

그림 4.12 | 바이러스 검색 플러그인을 다운로드 하기 전과 후의 [플러그인] 하위 메뉴

이 바이러스 검색 플러그인을 클릭하면 현재 만들고 있는 게임에 바이러스가 있는지 자동으로 확인해서 표시해줍니다. 이 플러그인의 성능이 아주 뛰어나지는 않지만, 모델을 가져다 쓸 때 확인 차원에서 한 번씩 검사해 보는 것도 좋습니다. 바이러스는 어디에나 있을 수 있지만, 주로 나무나 자동차 모델에 많으니 참고하세요.

[도구상자]에는 [모델] 외에도 [플러그인], [오디오], [이미지], [메시][2], [비디오], [폰트] 등이 있습니다. 오디오는 여러 종류의 음악이 있어 활용하기에 좋고, 플러그인에서 검색되는 아이템은 다른 범주보다 바이러스가 자주 보이는 편이니 이 점 유의하기 바랍니다.

그림 4.13 | 도구상자에서 가져올 수 있는 것

---

2 메시(Mesh)란 블렌더(Blender) 등의 3D 모델링 프로그램으로 만들어진 파일의 정보를 담은 것으로, 이미 만들어진 3D 파일을 메시를 이용해 로블록스에 불러올 수 있다. MeshPart를 이용해 불러오는데, 당연히 단독으로는 작동하지 않는다. (출처: 나무위키)

이렇게 해서 도구상자의 장단점과 활용법, 아이템에서 바이러스 발견 시 대처법을 알아봤습니다.

③ 게임 배경 바꾸기

:x: **준비 파일** : 예제 4.3_sky 폴더   :x: **완성 파일** : 예제 4.3.rbxl

로블록스 게임을 보면 다양한 배경을 볼 수 있습니다. 로블록스 게임에서 배경은 비교적 간단한 설정으로 게임 분위기를 바꿀 수 있는 효과적인 요소입니다. 그래서 이번에는 게임의 배경을 바꾸는 법을 알아보겠습니다.

먼저 [보기]에서 [탐색기] 창을 엽니다. 2022년 버전의 로블록스 스튜디오의 베이스플레이트에는 [탐색기]→[Lighting]에 'Sky'가 기본으로 들어 있습니다. 먼저 탐색기에 있는 기존 Sky와 Atmosphere를 선택해 키보드의 Delete 키로 삭제해줍니다.

그림 4.14 | [탐색기]→[Lighting]에서 'Atmosphere'와 'Sky'를 선택해 삭제한다.

그다음, [도구상자] 창으로 가서 ❶ [모델]을 선택한 뒤 ❷ 검색창에 'sky'라고 입력합니다. 그러면 다양한 하늘 이미지의 게임 배경이 나오는데, 그중 원하는 것을 선택해 불러오면 됩니다.

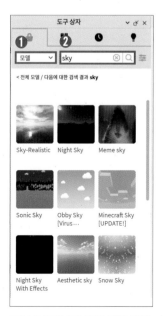

그림 4.15 | [도구상자] 창에서 모델을 선택하고 'sky'로 검색해서 원하는 배경을 찾는다.

한편, 내가 가지고 있는 파일을 게임 배경으로 업로드할 수도 있습니다. 그러기 위해서는 화면 위쪽 [파일]→[Roblox에 게시]를 선택하여 게임을 먼저 업로드해야 합니다.

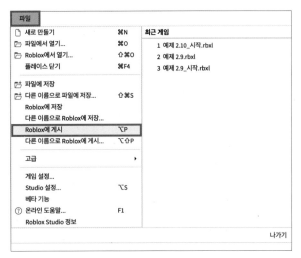

그림 4.16 | 커스텀 배경을 설정하기 위해서는 먼저 만들고 있는 게임을 로블록스에 게시해야 한다.

해당 메뉴를 클릭하면 다음과 같은 창이 뜨는데, 빈칸에 ❶ 게임 이름과 ❷ 설명 등을 입력하고 ❸ [만들기] 버튼을 눌러 게임을 게시합니다.

그림 4.17 | 로블록스에 게임 게시 시 입력 사항

작업 중인 게임을 로블록스에 게시했다면, [탐색기]→[Lighting] 오른쪽에 마우스를 가져갑니다. [Lighting] 옆에 + 버튼이 나타나면 버튼을 누르고 목록에서 'Sky'를 클릭합니다.

그림 4.18 | [Lighting] 옆에 + 버튼이 나타나면 버튼을 누르고 목록에서 'Sky'를 클릭

'Sky'가 선택된 상태로 [속성] 창으로 이동합니다. [속성] 창의 [모양(Appearance)]→[SkyboxBk] 를 클릭하면 입력 창이 하나 나오는데, 그 창 왼쪽 아래의 [+이미지 추가] 버튼을 클릭하여 배경으로 사용할 이미지를 업로드할 수 있습니다.

그림 4.19 | [속성] 창의 [Appearance]→[SkyboxBk]에서 자신만의 이미지를 배경으로 추가할 수 있다.

로블록스에 게시를 선택하지 않으면 [속성] 창의 [모양(Appearance)]에서 [SkyboxBk]를 클릭했을 때 입력 창이 나오지 않습니다. 입력 창이 나오지 않으면 [파일]→[Roblox에 게시]를 선택해 게임을 먼저 업로드해주세요.

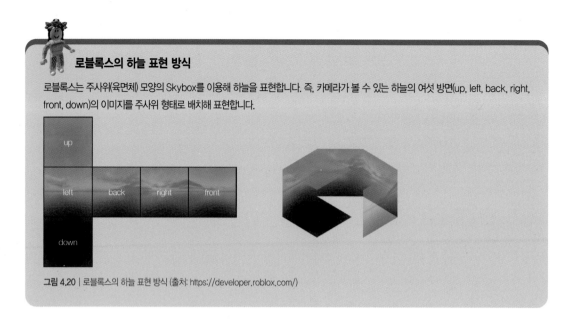

로블록스의 하늘 표현 방식

로블록스는 주사위(육면체) 모양의 Skybox를 이용해 하늘을 표현합니다. 즉, 카메라가 볼 수 있는 하늘의 여섯 방면(up, left, back, right, front, down)의 이미지를 주사위 형태로 배치해 표현합니다.

그림 4.20 | 로블록스의 하늘 표현 방식 (출처: https://developer.roblox.com/)

[파일 선택] 버튼을 클릭한 다음 배경으로 사용할 이미지를 선택하고 [만들기] 버튼을 클릭하면 조금 전 업로드한 이미지가 보일 겁니다.

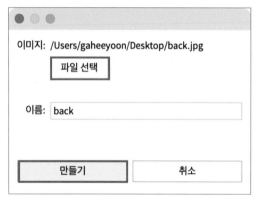

그림 4.21 | 배경으로 사용할 이미지 추가하기

이미지를 게임 배경 6개 면 모두에 적용하고 싶으면, [SkyboxBk]에서부터 아래로 [SkyboxUp]까지 총 6개의 속성에 같은 이미지를 적용해주면 됩니다. 이제 자신이 원하는 이미지로 하늘을 채워 봅시다.

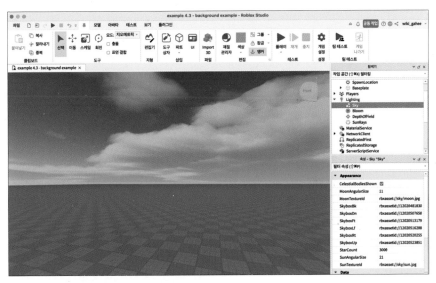

그림 4.22 | 이미지 파일을 배경으로 가져온 후 6면 모두 적용한 상태

이렇게 해서 내가 원하는 이미지를 배경으로 넣어 보았습니다.

 ## 낮과 밤 설정하기

:: 완성 파일 : 예제 4.4.rbxl

게임을 플레이할 때 낮과 밤으로 시간의 흐름을 효과로 넣어준다면 더 퀄리티 높은 게임이 될 것입니다. 이번에는 남과 밤을 설정하는 방법과 게임을 플레이했을 때 자동으로 밤낮이 바뀌는 스크립트를 살펴보겠습니다. 먼저 낮과 밤을 설정하는 방법부터 알아보겠습니다.

우선 [탐색기]와 [속성], [도구상자] 창이 열려 있는지 확인하고, 열려 있지 않다면 [보기] 아래의 해당 메뉴를 클릭해 화면에 불러옵니다. 그리고 ❶ [탐색기]→[Lighting]을 선택한 후 ❷ [속성] 창의 [데이터(Data)]→[ClockTime]에서 시간을 설정해주면 됩니다. 하루 24시를 기준으로 숫자를 입력하면 그 시간대에 맞게 낮 또는 밤 배경으로 바뀝니다. 기본은 14시 30분으로 설정되어 있습니다.

그림 4.23 | [Lighting]의 속성 [ClockTime]의 값을 입력해 시간대 설정하기

그렇다면 게임을 플레이할 때 자동으로 밤낮이 바뀌게 하려면 어떻게 하면 될까요? 이때는 스크립트를 이용합니다. 스크립트를 사용하기 위해 [탐색기] 창에서 [Workspace] 옆의 + 버튼을 클릭한 다음 [Script]를 추가하고, 스크립트 창을 열겠습니다.

그림 4.24 | [탐색기]→[Workspace]→[Script]를 클릭해 스크립트 창을 연다.

기존 스크립트는 전부 지우고 다음 스크립트를 입력합니다.

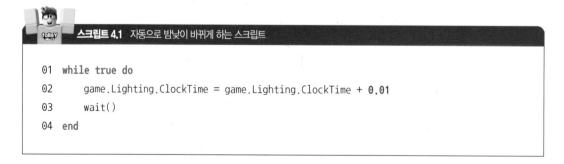

스크립트 4.1 자동으로 밤낮이 바뀌게 하는 스크립트

```
01  while true do
02      game.Lighting.ClockTime = game.Lighting.ClockTime + 0.01
03      wait()
04  end
```

스크립트 입력이 끝나면 스크립트 창을 닫고 게임을 플레이해 봅니다. 이때 시간이 너무 빨리 바뀌면 스크립트 4.1에서 두 번째 줄 끝의 더해주는 숫자(0.01)를 더 작은 수로 바꾸면 됩니다. 자신이 개발 중인 게임에 맞게 적절한 숫자를 설정해 플레이해 보면 게임에서 시간의 흐름이 시각적으로 변화하는 것을 확인할 수 있습니다.

그림 4.25 | 자동으로 밤낮이 바뀌는 스크립트를 적용해 게임에서 시간의 흐름을 보여줄 수 있다.

⑤ 시프트를 누르면 더 빨리 달리게 만들기

✖ **완성 파일** : 예제 4.5.rbxl

로블록스 게임에서는 게임의 플레이어(아바타)가 돌아다니면서 게임을 플레이합니다. 아바타는 걷기도 하지만, 게임을 빨리 진행하기 위해 뛰어다니는 경우도 많습니다. 이번에는 키보드의 시프트 (Shift) 키를 눌렀을 때 움직이는 아바타에 속도를 더하는 방법을 알아보겠습니다. 이번에도 스크립트를 사용할 텐데, 방법은 아주 간단합니다.

먼저 [보기]에서 [탐색기] 창을 켜줍니다. [탐색기] 창의 [StarterPlayer]를 더블 클릭하면 [StarterCharacterScripts]라는 하위 목록이 나오는데, 그 옆의 ❶ + 버튼을 클릭합니다. 이때 나타나는 리스트에서 ❷ [LocalScript]를 클릭해 스크립트 창을 엽니다.

그림 4.26 | 아바타가 더 빨리 달리게 하는 스크립트를 넣기 위해 로컬 스크립트 창을 연다.

기존 스크립트가 있다면 전부 삭제하고 다음 스크립트를 입력합니다.

스크립트 4.2 시프트 키를 누르면 아바타가 더 빨리 달리는 스크립트

```
01  local player = game.Players.LocalPlayer.Character
02  local Service = game:GetService("UserInputService")
03
04  Service.InputBegan:Connect(function(input)
05      if input.KeyCode == Enum.KeyCode.LeftShift then
06          player.Humanoid.WalkSpeed = 30
07      end
08  end)
09
10  Service.InputEnded:Connect(function(input)
11      if input.KeyCode == Enum.KeyCode.LeftShift then
12          player.Humanoid.WalkSpeed = 16
13      end
14  end)
```

스크립트에서 'LeftShift'(05, 11줄) 키를 눌렀을 때 플레이어의 걷는 속도(WalkSpeed)가 달라지게 설정했으므로 왼쪽 시프트 키를 누른 상태로 이동 키(A, D, W, S)를 누르면 아바타가 이전보다 더 빨리 달릴 것입니다. 이것만으로도 충분하지만, 여기서 한 걸음 더 나아가 색다르게 구현하고 싶다면 이 절 끝까지 설명을 읽어주세요.

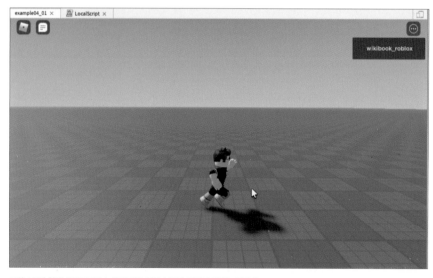

그림 4.27 | 왼쪽 시프트 키를 누른 채 이동 키를 누르면 더 빨리 달리는 아바타

스크립트 4.2의 스크립트 06줄을 보면 왼쪽 시프트 키를 눌렀을 때 달리는 속도가 지정되어 있습니다(Player.Humanoid.WalkSpeed = 30). 여기서 30을 더 큰 값으로 설정하면 아바타의 달리기 속도가 빨라집니다. 또한 시프트 키를 눌렀을 때 원래 속도보다 느리게 달리게 하고 싶다면 30이 들어갈 위치에 16보다 작은 수를 입력하면 됩니다.

```
04  Service.InputBegan:Connect(function(input)
05      if input.KeyCode == Enum.KeyCode.LeftShift then
06          player.Humanoid.WalkSpeed = 30 ←   이 부분의 숫자가 아바타의 달리기 속도를 결정합니다.
07      end                                    원래 속도보다 빠르게 달리려면 16보다 큰 수를,
08  end                                        느리게 달리려면 16보다 작은 수를 입력합니다.
```

또한 시프트 키가 아닌 다른 키로 달리기 조작을 하고 싶다면 스크립트 4.2에서 굵게 표시된 LeftShift를 달리기 조작에 사용하고 싶은 문자로 수정하면 됩니다. 가령 해당 부분을 E로 바꾸면, 키보드의 E 키를 눌렀을 때 아바타가 달리게 됩니다. 그럴 경우에는 스크립트에서 키 이름이 들어간 두 부분(LeftShift)을 똑같이 수정해야 작동한다는 점 명심하세요.

```
04  Service.InputBegan:Connect(function(input)
05      if input.KeyCode == Enum.KeyCode.LeftShift then
06          player.Humanoid.WalkSpeed = 30 ↖   이 부분의 문자가 어떤 키를
07      end                                    눌렀을 때 달릴 것인지 결정합니다.
08  end)
09
10  Service.InputEnded:Connect(function(input)
11      if input.KeyCode == Enum.KeyCode.LeftShift then
12          player.Humanoid.WalkSpeed = 16 ↖   두 부분 모두 똑같이 수정해야
13      end                                    올바르게 작동한다는 점 명심하세요.
14  end)
```

스크립트 작업을 완료한 후에는 항상 테스트를 통해 스크립트 창에서 작업한 내용이 잘 적용되었는지 확인하기 바랍니다.

그림 4.28 | 스크립트가 제대로 작동하는지 [홈]→[플레이]를 눌러 테스트한다.

⑥ 게임 분위기 바꾸기

로블록스 게임을 보면 분위기가 비슷한 게임이 많습니다. 이때 안개나 노을 등을 이용해 자신이 만든 게임을 좀 더 색다르고 퀄리티 있어 보이게 할 수 있습니다. 먼저 노을 진 모습을 만들어 보겠습니다. [보기]에서 [탐색기], [속성], [도구상자] 창을 열어줍니다.

❶ [탐색기]→[Lighting]을 클릭한 후, ❷ [속성]→[노출(Exposure)]의 [ExposureCompensation] 값을 0.5로 설정합니다. 이렇게 하면 맵이 살짝 밝아진 느낌이 날 것입니다.

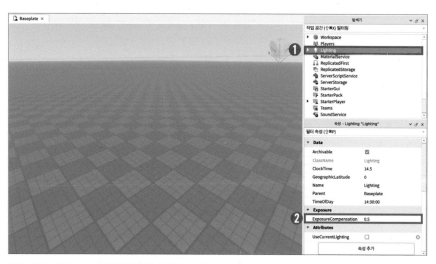

그림 4.29 | 노출(Exposure) 값을 조정해 맵을 밝게 만들 수 있다.

그다음, [탐색기]→[Lighting] 옆의 +를 클릭한 후 하위 목록의 'Atmosphere'와 'BlurEffect'를 선택해 불러옵니다.

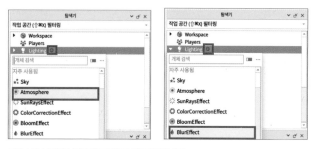

그림 4.30 | 배경의 선명도를 조정하기 위해 필요한 옵션

현재는 화면이 뿌옇습니다. [탐색기] 창의 ❶ 'Blur'가 선택된 상태로 [속성] 창을 보면 ❷ [상태(State)]
→[Size]가 있는데, 그 값을 현재의 24에서 3 정도로 바꿔줍니다. 그러면 이전보다 블러가 약하게 적
용돼 좀 더 선명한 화면을 볼 수 있습니다.

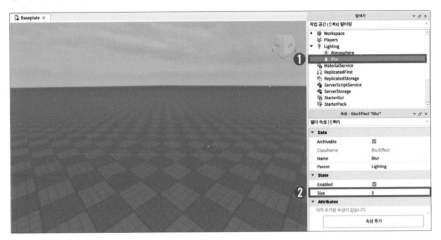

그림 4.31 | 블러 값을 줄이면, 맵이 더 선명해진다.

시간대도 바꿔보겠습니다. ❶ [탐색기]→[Lighting]을 선택한 후 [속성] 창으로 가서 ❷ [데이터(Data)]
→[ClockTime]을 17.5(오후 5시 30분)로 바꿉니다. 그러면 해가 수평선 근처로 내려간 모습을 확인
할 수 있습니다.

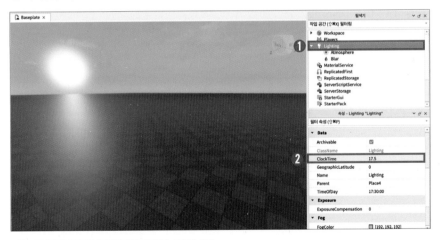

그림 4.32 | 맵의 시간대를 변경해 분위기를 바꾸는 방법도 있다.

여기에 Sky 모델을 추가하면 노을 효과를 만들어낼 수 있습니다. [도구상자]에서 ❶ [모델]을 선택한 후 검색 창에 'sunset sky'라고 입력합니다. 검색 결과 중 ❷ 마음에 드는 모델을 골라 클릭하면 바로 작업 창에 적용됩니다.

그림 4.33 | [도구상자] 창의 [모델]에서 'sunset sky'를 검색해 노을 진 하늘 이미지 적용

그런데 아직 뭔가 부족해 보입니다. 다시 [탐색기]→[Lighting] 오른쪽의 +를 클릭하고 하위 목록에서 'SunRaysEffect'를 클릭합니다. 이렇게 하면 하늘 색이 붉은 빛으로 바뀌면서 노을 느낌을 낼 수 있습니다.

그림 4.34 | 하늘 색을 붉게 만들기 위해 [Lighting]에 'SunRaysEffect' 추가

붉은 빛의 강도를 조절하고 싶으면 [탐색기] 창에서 'SunRays'가 선택된 상태로 [속성] 창의 [상태 (State)]→[Intensity]의 값을 변경합니다. 값이 커질수록 빛의 강도가 세집니다.

그림 4.35 | SunRays의 Intensity(강도) 속성을 설정해 붉은 빛의 강도를 조절한다.

여기까지 작업을 마친 후 맵을 둘러보면, 뿌연 기가 있어서 앞이 또렷하게 보이지는 않습니다. 어떤 게임을 만들고 있느냐에 따라 다르겠지만, 점프맵처럼 시야가 밝아야 진행할 수 있는 게임이라면 앞쪽이 좀 더 선명하게 보이게 손을 써야 합니다.

이때는 ❶ [탐색기]→[Lighting]의 [Atmosphere][3]를 클릭한 후 [속성] 창에서 ❷ [모양 (Appearance)]→[Density]의 값을 줄여주거나 0으로 완전히 없애주면 됩니다. 그런데 이 효과를 완전히 삭제해 버리면 분위기가 떨어질 수 있으니, Density 값을 자신이 원하는 정도로 적당히 줄이세요.

그림 4.36 | 게임 화면을 좀 더 또렷하게 만들기 위해 [Atmosphere]→[모양(Appearance)]의 Density 값을 줄인다.

---

3 [탐색기] 창에서 [Lighting] 아래에 [Atmosphere]가 없는 경우, [Lighting] 옆의 + 기호를 클릭해 다시 불러오면 됩니다.

그림 4.37 | 노을 진 하늘에 붉은 기를 넣고 전체적으로 선명하게 만든 맵

게임에 그림자 없애기

준비 파일 : 예제 4.7_시작.rbxl　　**완성 파일** : 예제 4.7.rbxl

게임을 만들 때 태양의 위치(시간)에 따라 파트나 모델 등에 그림자가 생깁니다. 그림자가 있으면 실제처럼 자연스러운 분위기를 낼 수 있습니다. 하지만 타워형 점프맵을 포함한 다양한 게임에서는 그림자가 있으면 오히려 플레이하는 데 방해가 되기도 합니다. 이 같은 게임에서는 그림자를 없애주는 것이 좋습니다.

그림자를 없애는 방법은 아주 간단합니다. 먼저 그림자를 확인하기 위한 파트를 하나 생성합니다. 그러면 생성된 파트 옆으로 그림자가 태양 반대편에 생긴 것을 볼 수 있습니다. 이 그림자는 시간대의 변경(태양의 위치)에 따라 위치나 모양이 바뀝니다.

그림 4.38 | 그림자를 확인하기 위한 파트 추가

여기서 ❶ [탐색기]→[Lighting]을 클릭한 후, ❷ [속성]→[모양(Appearance)]→[GlobalShadows]를 찾아줍니다. 기본적으로 이 항목에 체크 표시가 되어 있는데, 여기서 체크 표시를 해제하면 그림자가 사라집니다. 즉, 체크 표시가 되어 있으면 그림자가 생기고, 없으면 그림자가 사라집니다.

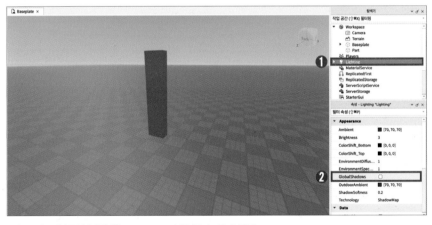

그림 4.39 | 그림자를 없애기 위해 [GlobalShadows] 옵션의 체크를 해제한다.

그림자는 게임을 만들기 전에 없애도 되지만, 만드는 중간 또는 게임 완성 후에도 없앨 수 있습니다.

그림 4.40 | 그림자를 없앤 파트

 게임에 배경음악 넣기

✖ **완성 파일** : 예제 4.8.rbxl

게임을 플레이해 보면 항상 음악이 깔려 있는 것을 알 수 있습니다. 배경음악이 없는 게임은 왠지 재미도 덜 할 것 같은데요. 그래서 이번에는 게임을 플레이할 때 음악이 재생되게 하는 방법을 알아보겠습니다.

먼저 [도구상자]에서 [오디오]를 선택한 후 원하는 음악을 검색하거나 목록에 있는 음악을 들어보고 사용할 음악을 선택합니다.

그림 4.41 | [도구상자] 창의 [오디오]에서 여러 음악을 들어보고 마음에 드는 음악을 게임에 적용할 수 있다.

그러면 [탐색기]→[Workspace]의 하위 목록에 음악 제목이 나타나는데, ❶ 그것을 마우스로 드래 그 하여 [탐색기] 창의 [SoundService] 아래로 옮겨줍니다. 그 상태에서 [속성] 창으로 가서 [재생 (Playback)] 아래의 ❷ 'Looped'에 체크 표시를 해서 게임을 플레이할 때 음악이 반복 재생되게 설 정합니다. 그리고 ❸ 'Playing'의 체크박스에 체크 표시를 해서 게임을 플레이할 때 음악이 자동으로 재생되게 설정해줍니다.

그림 4.42 | 배경음악이 반복 재생되도록 속성에서 옵션을 체크한다.

이렇게 설정하고 나서 [플레이] 버튼을 눌러 테스트해 보면 배경음악이 재생되는 것을 확인할 수 있습 니다.

오디오 다운로드 시 주의사항

로블록스는 APM Music과 라이선스 계약을 맺어 사용자에게 수십만 개의 트랙('허가된 음악')을 무료로 제공합니다. 하지만 일부 불법적으로 업로드된 음악을 다운로드 받아서 사용할 경우 문제가 생길 수 있습니다. 로블록스에서 음악을 사용할 때는 해당 음악의 배포자가 누구인지 꼭 확인하세요! 배포자가 'by Roblox'이면 안심하고 사용해도 됩니다.

그림 4.43 | 음악의 배포자가 Roblox이면 저작권 걱정 없이 안심하고 사용해도 된다.

 기본 아이템 지급하기

✖ **완성 파일** : 예제 4.9.rbxl

로블록스 게임에서 아이템은 상당히 중요한 역할을 합니다. 점프맵 게임의 경우 아이템으로 점프력을 키워 더 쉽게 점프할 수 있습니다. 총(gun) 게임이나 좀비 게임의 경우에는 총이나 칼 등의 아이템이 필수입니다. 이렇게 게임에 재미를 더하는 아이템을 플레이어에게 지급하는 방법을 알아보겠습니다.

먼저 [도구상자] 창을 엽니다. [모델]을 선택한 후 오른쪽 검색창에 원하는 모델을 영어로 입력하여 검색합니다. 예를 들어 게임에 칼이 필요하다면, 'sword'라고 입력하면 됩니다. 이렇게 검색하면 칼과 관련된 아이템이 표시됩니다.

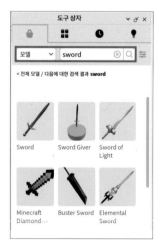

그림 4.44 | 로블록스에서 제공하는 다양한 'sword' 아이템

이때 아이템 하나를 선택하면 화면에 [삽입 도구]라는 창이 뜹니다. 여기서 [예]를 누르면 개발 화면에서는 변화가 없지만, 플레이했을 때 플레이어가 칼을 쥐고 있게 됩니다[4].

그림 4.45 | 검색한 아이템 중 하나를 클릭하면 화면에 해당 아이템을 사용할 것인지 묻는 팝업창이 뜬다.

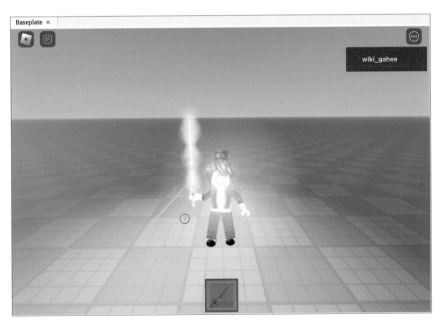

그림 4.46 | 아이템을 삽입한 후 플레이하면 플레이어가 아이템을 들고 있는 것을 확인할 수 있다.

---

4 [플레이] 버튼을 눌렀을 때 플레이어가 칼을 쥐고 있지 않다면, 화면의 아이템을 한 번 클릭하거나 키보드의 숫자 '1'을 눌러주면 플레이어가 칼을 쥐게 됩니다.

한 가지 주의할 점은, [도구상자]에서 아이템을 선택했을 때 확인 메시지 창이 뜨지 않고 바로 작업 화면에 적용되는 경우가 있는데, 이것은 아이템이 아니라 모델입니다. 모델은 아이템으로 쓸 수 없으니 클릭했을 때 [삽입 도구] 창이 나오는지 확인하고 아이템을 선택하기 바랍니다. 칼과 총 같은 아이템 외에도, 점프력을 좋아지게 하는 'Gravity Coil' 등도 아이템으로 많이 사용합니다.

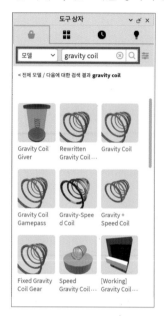

그림 4.47 | 로블록스에서 플레이어의 점프력을 키워주는 'gravity coil' 아이템

[탐색기] 창의 [StarterPack]을 클릭하면 추가한 아이템을 모두 확인할 수 있고, 이미 추가한 아이템을 삭제하고 싶으면 그 목록에서 삭제하고자 하는 아이템을 선택한 후 키보드의 Delete 키로 삭제하면 됩니다.

그림 4.48 | 추가한 아이템을 확인하고 삭제할 수 있는 [탐색기]→[StarterPack]

⑩ 플레이어 동상 세우기

❖ 완성 파일 : 예제 4.10.rbxl

이번에는 플레이어 동상을 세우는 방법을 알아보겠습니다. 캐릭터(아바타) 동상은 그 캐릭터가 제작자임을 알리기 위해서도 많이 쓰고, 회색으로 만들어 정말 동상처럼 사용하기도 합니다.

그럼 동상을 만드는 방법을 알아볼까요? 먼저 [보기]에서 [탐색기], [속성], [도구상자] 창을 열어줍니다. 플러그인을 하나 설치할 텐데, 플러그인은 로블록스 스튜디오에서 사용할 수 있는 프로그램이라고 생각하면 됩니다.

❶ [도구상자]에서 [플러그인]을 선택합니다. 하위에 나타나는 플러그인 중 인기도 많고 자주 사용되는 ❷ 'Load Character Lite'를 클릭해 설치하겠습니다. 해당 플러그인을 클릭했을 때 나타나는 창의 아래쪽을 보면 ❸ [설치]라고 써 있는 파란색 버튼이 있습니다. 이것을 클릭하여 설치를 진행합니다.

그림 4.49 | 'Load Character' 플러그인을 검색하여 설치한다.

설치가 완료된 후 로블록스 스튜디오 위쪽 메뉴의 [플러그인]을 클릭하면 하위 메뉴에 [Load Character]가 설치된 것을 확인할 수 있습니다. 메뉴에서 [Load Character]를 클릭하면 화면에 창이 하나 나타납니다.

그림 4.50 | 화면 위 [플러그인] 메뉴에 생성된 [Load Character] 메뉴

이때 중간에 있는 검색창에 원하는 아바타의 ❶ 닉네임을 검색하면 해당 아바타의 사진이 상단에 표시됩니다. 자신이 원하는 아바타가 맞다면 왼쪽 아래에 있는 ❷ [Spawn R6] 버튼을 클릭합니다. 그러면 사진에 있던 아바타가 하나의 모델로 화면 중앙에 소환됩니다.

그림 4.51 | [Load Character] 메뉴를 클릭했을 때 나타나는 팝업 창

이때 불러온 아바타 위의 닉네임을 삭제하거나 변경하고 싶으면, 캐릭터를 클릭한 상태로 [탐색기]→[Workspace] 아래의 캐릭터 이름을 클릭합니다. 기존 이름을 지운 후 공백 하나를 넣고 Enter 키를 누르면 아바타 위의 닉네임이 사라집니다. 닉네임을 바꾸고 싶다면 기존 이름 대신 원하는 닉네임을 입력하면 됩니다.

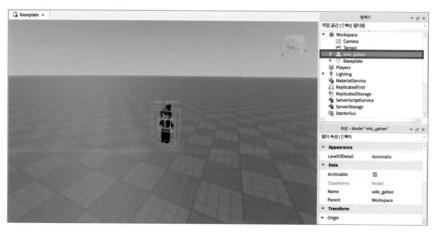

그림 4.52 | [탐색기]→[Workspace]에서 아바타 닉네임을 클릭하여 아바타 위에 표시되는 이름을 원하는 이름으로 바꾸거나 삭제할 수 있다.

이번에는 만들고자 하는 동상의 자세를 한 번 바꿔보겠습니다. 우선 키보드의 Alt 키를 누른 후 마우스를 움직여 봅시다. 그러면 아바타의 각 부위가 따로 선택되는 것을 확인할 수 있습니다. 동작이나 자세를 변경하고자 하는 신체 부위를 선택한 후 [홈] 아래의 [회전]이나 [이동] 등의 기능을 이용해 원하는 자세로 만들어줍니다. 이 작업은 반복적으로 할 수 있으므로 한 부위의 설정이 끝나면 Alt 키를 누른 상태로 다른 신체 부위를 선택해 똑같은 방식으로 원하는 자세를 설정할 수 있습니다.

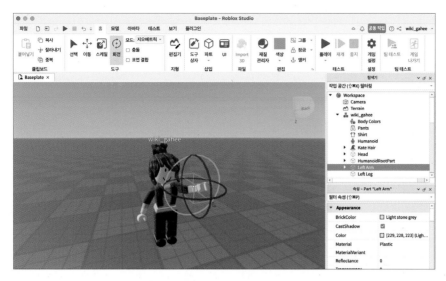

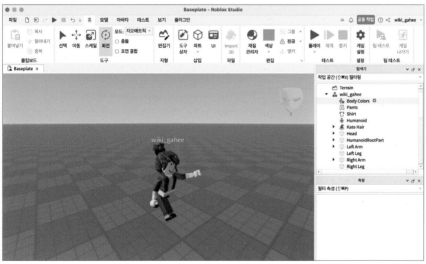

그림 4.53 | Alt 키를 누른 상태로 마우스를 이동하면 아바타의 신체 부위별로 선택하여 동작을 바꿀 수 있다.

이번에는 그림 4.51에서 동상을 가져올 때 썼던 [Load Character] 창의 [Spawn R15] 버튼에 대해 알아보겠습니다. 해당 버튼을 누르면 앞에서와같이 아바타가 화면 중앙에 나타납니다. 그런데 Alt 키를 누르고 마우스를 위에서 움직여 보면 이번 아바타는 신체 부위별이 아니라 관절별로 선택되는 것을 확인할 수 있습니다. 이 옵션은 더 복잡하고 정교한 자세를 구현할 수는 있지만, 조작하기가 R6 기능만큼 간단하지 않습니다. 관절별로 나뉘어 있기 때문에 조작이 서툴 경우 오히려 이상한 모양으로 구현될 수 있기 때문입니다.

그림 4.54 | [Load Character] 팝업 창에서 [Spawn R15]을 클릭하면, 신체 부위를 더 세세하게 선택해 조작할 수 있다.

여러 부위를 한꺼번에 선택하고 싶을 때는 Ctrl + Alt 키를 누른 상태에서 마우스로 원하는 부위를 클릭하면 됩니다. 원하는 부위를 모두 선택한 후에는 앞에서 수행한 것과 같은 방식으로 [홈] 아래의 [이동]과 [회전] 메뉴를 이용해 자세를 바꾸면 됩니다.

이렇게 해서 게임에서 활용할 수 있는 아바타 동상을 만들어봤습니다. 앞에서 설명했듯이 아직 로블록스 스튜디오 조작이 서툰 사용자라면 R6 옵션을 사용하기를 권합니다.

⑪ 움직이는 플레이어 동상 세우기

준비 파일 : 예제 4.11_시작.rbxl   **완성 파일** : 예제 4.11.rbxl

앞에서 아바타 동상을 만들어봤는데, 이번에는 게임에 재미를 더하기 위해 이 동상이 가만히 서 있지 않고, 춤추게 만들어 보겠습니다.

우선 4.10절에서 설명한 내용을 참고해 R15 아바타를 하나 불러옵니다. 불러온 아바타를 선택하고 [탐색기]→[Workspace] 아래의 캐릭터 이름 옆에 있는 + 기호를 클릭합니다. 그러면 다양한 항목이 나타나는데, 그중 [Animation]과 [Script]를 각각 선택해 추가합니다(원하는 항목이 보이지 않을 경우 검색해서 추가해주세요).

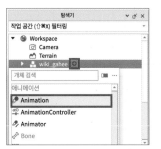

그림 4.55 | 움직이는 동상을 만들기 위해 아바타 캐릭터 이름 아래로 [Animation]과 [Script]를 추가한다.

먼저 스크립트 창에 있는 기존 내용을 지우고 다음 스크립트를 넣어줍니다.

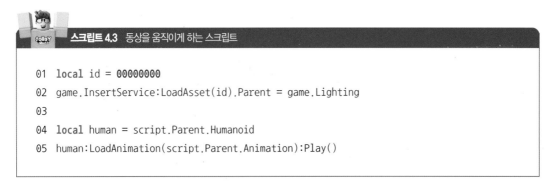

```
01  local id = 00000000
02  game.InsertService:LoadAsset(id).Parent = game.Lighting
03
04  local human = script.Parent.Humanoid
05  human:LoadAnimation(script.Parent.Animation):Play()
```

여기까지 했다면, 이제 로블록스 스튜디오가 아니라 로블록스 홈페이지(https://www.roblox.com/)
로 이동합니다.

일단 로블록스 홈페이지로 가서 위쪽의 ❶ [마켓플레이스] 탭을 클릭합니다. 그다음 왼쪽에 나타난
[카테고리]→[애니메이션] 옆의 ❷ [∨] 기호를 클릭한 후 ❸ [감정 표현]을 클릭합니다. 그러면 화면
에 다양한 동작이 뜨는 것을 볼 수 있는데, 그중 자신이 원하는 동작으로 클릭해 들어갑니다.

그림 4.56 | 로블록스 홈페이지의 [마켓플레이스]→[애니메이션]→[감정 표현]

선택한 애니메이션의 상세 페이지에서 그림 오른쪽 아래의 ❶ 플레이 버튼(▶)을 눌러보면 애니메이션이 어떻게 작동하는지 확인할 수 있습니다. 동작이 마음에 든다면 현재 페이지의 주소창을 확인합니다. 그러면 주소 중간 ❷ .../catalog/ 뒤에 숫자가 있는데, 이 숫자만 복사해줍니다.

- https://www.roblox.com/catalog/**5917570207**/Floss-Dance

그림 4.57 | 동작을 적용하기 위해 주소창에서 숫자를 복사한다.

숫자를 복사한 상태에서 다시 로블록스 스튜디오로 돌아와 스크립트 창을 엽니다. 그리고 스크립트 4.3의 01줄에 있는 `local id` 오른쪽 항의 숫자를 복사한 숫자로 대체해줍니다. 그러면 `local id` = **5917570207**이 됩니다. 이 상태로 [플레이] 버튼을 누르면 아바타가 움직이지 않습니다.

[플레이] 버튼을 누른 상태로 [탐색기]→[Lighting]→[Model]을 클릭하면 앞에서 복사한 동작의 이름이 있을 것입니다. ❶ 동작 이름을 선택하고 [속성]→[데이터(Data)]에 가면 ❷ 'AnimationId' 항목에 값이 있는데, 이 값을 복사합니다.

그림 4.58 | 플레이 버튼을 누른 상태로 AnimationId 값 복사하기

이제 [중지]를 눌러 테스트 플레이를 멈추고 처음에 작성했던 스크립트 4.3에서 첫 두 줄(01, 02)을 삭제합니다. [탐색기]→[Workspace]의 아바타 이름을 더블 클릭한 후, 하위 항목 중 ❶ [Animation]을 선택합니다. 그 상태로 ❷ [속성]→[데이터(Data)]→[AnimationId]의 값에 방금 복사해둔 값을 넣어줍니다.

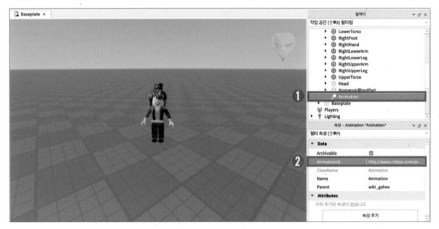

그림 4.59 | 스크립트 일부를 삭제하고 복사한 값을 [Animation]의 속성 값으로 붙여넣는다.

여기까지 한 후 [플레이]를 누르면 이번에는 아바타가 선택한 애니메이션의 동작을 제대로 구현하는 것을 확인할 수 있습니다.

그림 4.60 | 동상에 애니메이션이 적용된 모습

⑫ 텔레포트 파트 만들기

텔레포트는 쉽게 말하면 공간을 순간 이동하는 것입니다. 로블록스에서는 텔레포트 기능을 자주 활용하는데, 이 절에서 텔레포트에 관한 모든 것을 알아보겠습니다.

로블록스 게임에서 텔레포트의 종류를 크게 나눠보면, ❶ 블록을 밟으면 다른 곳으로 이동하기, ❷ 버튼을 누르면 다른 곳으로 이동하기, ❸ 다른 게임으로 이동하기로 볼 수 있습니다.

◉ 블록을 밟으면 다른 곳으로 이동하는 텔레포트

✂ **준비 파일** : 예제 4.12-1_시작.rbxl　　✂ **완성 파일** : 예제 4.12-1.rbxl

먼저 블록을 밟으면 다른 곳으로 이동하기를 구현해 보겠습니다. 이를 위해 파트 2개를 준비하고 각각 이름을 지정합니다. 텔레포트를 구현하려면 파트에 이름이 지정되어 있어야 하는데, 나중에 명령어를 사용할 때 파트 이름을 지정해서 이동하라는 식으로 사용하기 때문입니다. 파트의 이름은 [탐색기]→[Workspace]의 'Part'를 한 번 클릭하면 이름을 입력할 수 있는 칸이 나타나는데, 거기에 지정해주면 됩니다. 여기서는 간단하게 PartA와 PartB로 지정하겠습니다.

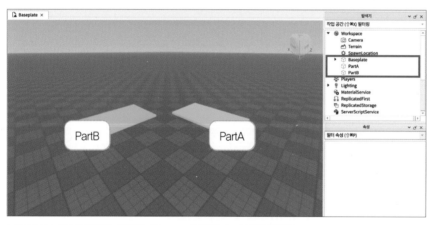

그림 4.61 | 두 개의 파트를 만들고 [탐색기]→[Workspace]에서 각 파트의 이름을 변경한다.

이름을 지정하고 나면, 이름 옆의 + 기호를 눌러 스크립트를 엽니다. 먼저 PartA에 스크립트를 추가한 후 기존 스크립트를 지우고 다음 스크립트를 입력합니다.

그림 4.62 | PartA에 스크립트 추가

스크립트 4.4 PartA에서 PartB로 텔레포트하는 스크립트

```
01  local Teleport = "PartB"  ← 텔레포트할 파트 이름을 입력합니다
02  function onTouched(hit)
03      if script.Parent.Locked == false and
    script.Parent.Parent:findFirstChild(Teleport) then
04          script.Parent.Locked = true
05          script.Parent.Parent:findFirstChild(Teleport).Locked = true
06
07          local Pos = script.Parent.Parent:findFirstChild(Teleport)
08          hit.Parent:moveTo(Pos.Position)
09          wait(1)  ← 플레이어가 이동한 후에는 wait()에서  입력한 시간이 지나야 다시 텔레포트 가능합니다.
10
11          script.Parent.Locked = false
12          script.Parent.Parent:findFirstChild(Teleport).Locked = false
13      end
14  end
15  script.Parent.Touched:connect(onTouched)
```

이번에는 PartB에 스크립트를 추가한 후 기존 스크립트를 지우고 다음 스크립트를 입력합니다.

그림 4.63 | PartB에 스크립트 추가

스크립트 4.5 PartB에서 PartA로 텔레포트하는 스크립트

```
01  local Teleport = "PartA"  ← 텔레포트할 파트 이름을 입력합니다
02  function onTouched(hit)
03      if script.Parent.Locked == false and
    script.Parent.Parent:findFirstChild(Teleport).Locked == false then
04          script.Parent.Locked = true
05          script.Parent.Parent:findFirstChild(Teleport).Locked = true
06
07          local Pos = script.Parent.Parent:findFirstChild(Teleport)
```

```
08          hit.Parent:moveTo(Pos.Position)
09          wait(1)  ←  플레이어가 이동한 후에는 wait()에서 입력한 시간이 지나야 다시 텔레포트 가능합니다.
10
11          script.Parent.Locked = false
12          script.Parent.Parent:findFirstChild(Teleport).Locked = false
13      end
14  end
15  script.Parent.Touched:connect(onTouched)
```

이 스크립트에서 01줄 오른쪽 따옴표 안에 들어가는 것이 이동할 텔레포트의 이름("PartA")입니다. 여기에 자신이 앞에서 지정한 파트의 이름을 써넣으면 됩니다. 또한 코드 중간(09줄)에 굵게 표시된 **wait(1)**은 한 번 플레이어가 이동하면 1초를 기다리고 나서 다시 텔레포트를 할 수 있다는 뜻입니다. 이렇게 파트를 만들고 스크립트 입력까지 마쳤다면 [플레이]를 클릭해 제대로 작동하는지 확인해 봅니다. 플레이어가 스크립트를 설정한 파트로 올라갔을 때 지정한 파트로 순간 이동한다면 텔레포트가 제대로 설정된 것입니다.

그림 4.64 | 게임을 실행해 텔레포트 기능이 잘 작동하는지 확인

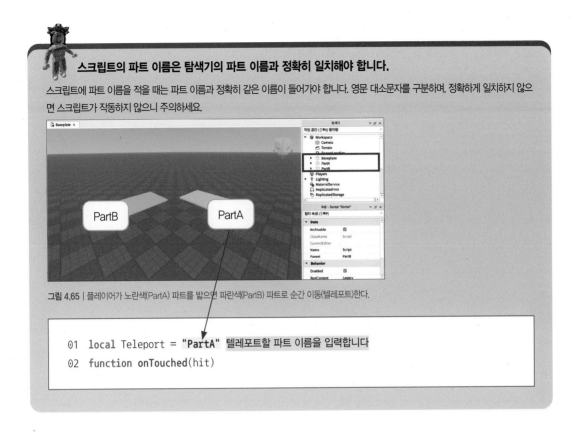

스크립트의 파트 이름은 탐색기의 파트 이름과 정확히 일치해야 합니다.

스크립트에 파트 이름을 적을 때는 파트 이름과 정확히 같은 이름이 들어가야 합니다. 영문 대소문자를 구분하며, 정확하게 일치하지 않으면 스크립트가 작동하지 않으니 주의하세요.

그림 4.65 | 플레이어가 노란색(PartA) 파트를 밟으면 파란색(PartB) 파트로 순간 이동(텔레포트)한다.

```
01  local Teleport = "PartA"  텔레포트할 파트 이름을 입력합니다
02  function onTouched(hit)
```

버튼을 누르면 다른 곳으로 이동하는 텔레포트

준비 파일 : 예제 4.12-2_시작.rbxl   **완성 파일** : 예제 4.12-2.rbxl

텔레포트 두 번째 기능으로, 화면에 있는 버튼을 클릭했을 때 특정 장소로 이동하는 텔레포트를 구현해 보겠습니다. 먼저 버튼을 만들기 위해 [탐색기]→[StarterGui] 옆의 + 기호를 클릭하고 클릭했을 때 나타나는 하위 항목 중 [ScreenGui]를 선택합니다. 다시 [ScreenGui] 옆의 + 기호를 클릭하고 이때 나타나는 하위 항목 중 'TextButton'을 선택합니다.

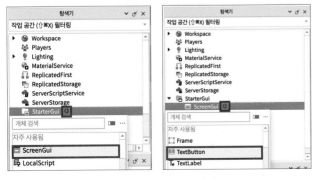

그림 4.66 | StarterGui에 ScreenGui 추가 후 TextButton 추가

그러면 화면 한쪽에 버튼이 나타날 텐데, 이 버튼을 마우스로 끌어다가 원하는 위치에 놓습니다. 그 다음, [속성] 창의 [데이터(Data)]→[Size]로 가서 X와 Y의 Offset 값을 각각 0으로 바꿔주고, Scale 값을 각각 0.1로 수정해줍니다. 이렇게 하면 버튼의 크기가 PC나 모바일에서 화면 크기에 맞게 조절 됩니다.

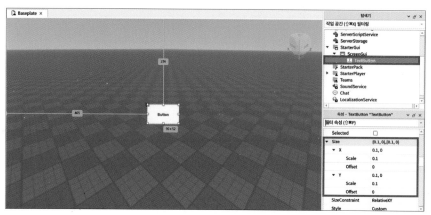

그림 4.67 | 게임을 플레이하는 기기가 달라져도 그에 맞게 버튼 크기를 조정하기 위한 설정

버튼 위의 글자를 바꾸려면 [속성] 창의 [텍스트(Text)]→❶ [Text] 값에 원하는 문구를 넣어줍니다. ❷ 글꼴(FontFace)과 ❸ 글자 색(TextColor3), ❹ 글자 크기(TextSize)도 [속성]→[텍스트(Text)]의 하위 메뉴에서 바꿀 수 있습니다. 버튼의 배경색을 바꾸려면 [속성] 창의 ❺ [데이터(Data)]→[BackgroundColor3]에서 바꿀 수 있습니다.

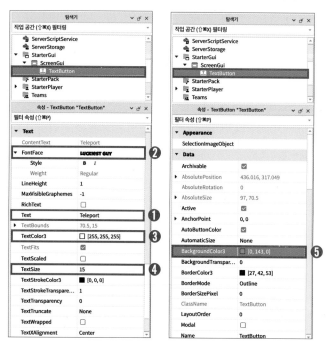

그림 4.68 | 텍스트 버튼 속성 창에서 버튼 꾸미기

한편, 텍스트 버튼이 아니라 이미지 버튼을 만들고 싶은 사람도 있을 것입니다. 그럴 경우에는 [탐색기]→[StarterGui]→[ScreenGui] 옆의 + 기호를 클릭한 후 'ImageButton'을 선택합니다.

그림 4.69 | 텍스트 대신 이미지를 넣어 버튼을 만들 수도 있다.

그러면 화면 한쪽에 이미지가 없는 이미지 버튼이 하나 나오는데, 그것을 선택한 상태에서 [속성]→[이미지(Image)]→[Image]의 값을 조정하여 버튼에 들어갈 이미지를 선택할 수 있습니다. 이미지를 넣는 것은 게임을 공개(게시)한 후에 파일을 불러오는 방식으로 이루어지는데, 여기서는 설명을 생략하겠습니다.

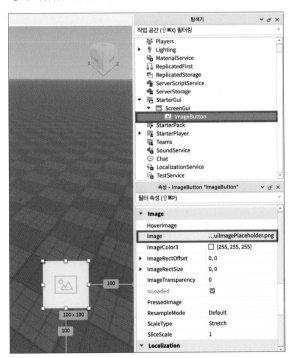

그림 4.70 | 텔레포트를 위해 이미지 버튼을 불러온 모습

일단 여기서는 앞에서 만든 텍스트 버튼으로 텔레포트하기까지 구현해 보겠습니다. [탐색기]→[Work space]→[StarterGui]→[ScreenGui]→[TextButton] 옆의 + 기호를 눌러 스크립트 창을 엽니다.

그림 4.71 | 버튼을 누르면 텔레포트할 수 있게 스크립트를 추가한다.

스크립트 창의 기존 스크립트는 지우고 다음 스크립트를 입력합니다.

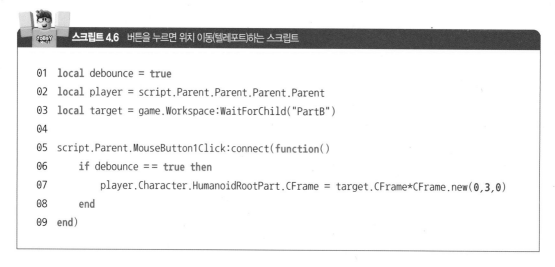

스크립트 4.6 버튼을 누르면 위치 이동(텔레포트)하는 스크립트

```
01  local debounce = true
02  local player = script.Parent.Parent.Parent.Parent
03  local target = game.Workspace:WaitForChild("PartB")
04
05  script.Parent.MouseButton1Click:connect(function()
06      if debounce == true then
07          player.Character.HumanoidRootPart.CFrame = target.CFrame*CFrame.new(0,3,0)
08      end
09  end)
```

앞에서와 마찬가지로, 이동하고자 하는 파트의 이름을 스크립트 3번째 줄 끝 따옴표 안에 넣어줍니다. 이때 지정한 이름과 같은 이름의 파트가 여러 개라면 오류가 날 수 있으니 주의하세요.

메뉴의 [플레이]를 눌러 테스트했을 때 버튼을 누르면 플레이어가 지정한 버튼으로 이동한다면 제대로 구현된 것입니다.

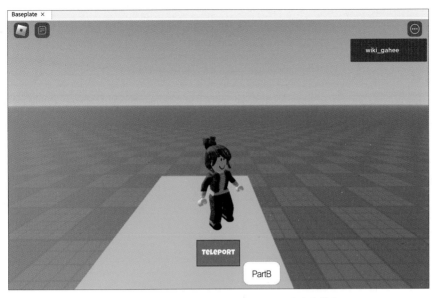

그림 4.72 | 완성된 텔레포트 버튼 – 녹색 버튼을 누르면 플레이어가 파란색의 PartB로 순간 이동한다.

◎ 다른 게임으로 이동하는 텔레포트

✦ **준비 파일** : 예제 4.12-3_시작.rbxl   ✦ **완성 파일** : 예제 4.12-3.rbxl

이제 마지막으로 다른 게임으로 텔레포트하는 방법을 알아보겠습니다. 우선 파트 하나를 만든 후 파트의 스크립트 창을 열어줍니다.

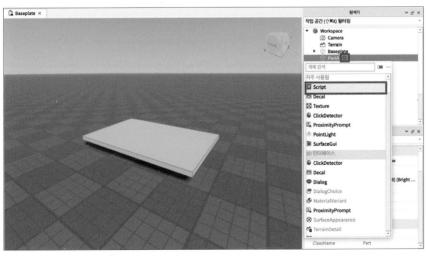

그림 4.73 | 파트 하나를 만들고 파트의 스크립트 창 열기

그리고 다음 스크립트를 입력합니다.

스크립트 4.7 다른 게임으로 텔레포트하는 스크립트

```
01  function Touch(hit)
02      local player = game.Players:GetPlayerFromCharacter(hit.Parent)
03      if player then
04          game:GetService("TeleportService"):Teleport(0000000000,player)
05      end
06  end
07
08  script.Parent.Touched:connect(Touch)
```

스크립트를 입력하고 나서 로블록스 홈페이지로 가서 이동하고자 하는 게임을 찾아 클릭합니다. 게임의 상세 페이지를 열고, 주소창을 확인하면 …/games/ 뒤에 숫자가 있습니다. 그 숫자 부분만 복사합니다.

- https://www.roblox.com/games/**8581583812**/unnamed

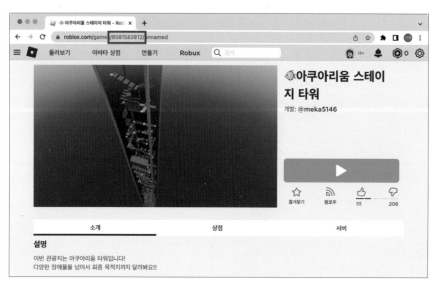

그림 4.74 | 로블록스 홈페이지에서 텔레포트하기를 원하는 게임을 찾아 상세 페이지로 들어간 후, 주소창의 숫자를 복사한다.

그다음, 앞에서 입력한 스크립트로 돌아가서 if 문 안에 있는 0으로 채워진 숫자를 복사해온 숫자로 대체합니다.

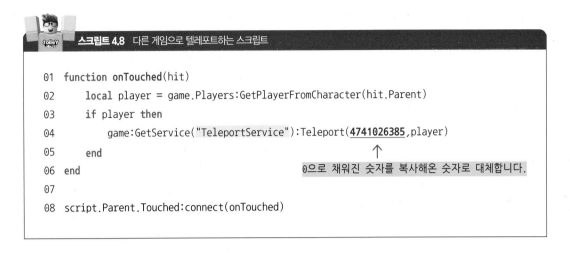

스크립트 4.8 다른 게임으로 텔레포트하는 스크립트

```
01  function onTouched(hit)
02      local player = game.Players:GetPlayerFromCharacter(hit.Parent)
03      if player then
04          game:GetService("TeleportService"):Teleport(4741026385,player)
05      end                                              ↑
06  end                              0으로 채워진 숫자를 복사해온 숫자로 대체합니다.
07
08  script.Parent.Touched:connect(onTouched)
```

다른 사람이 만든 게임으로 텔레포트하기

다른 사람이 개발한 게임으로 텔레포트할 때는 추가로 설정이 필요합니다. [홈]→[게임 설정]을 선택해 게임 설정 창을 엽니다.

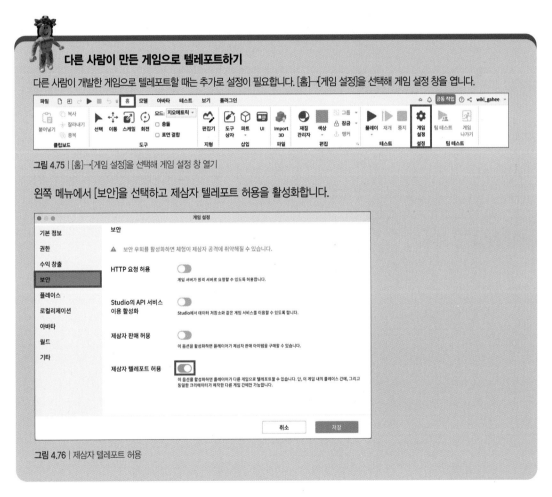

그림 4.75 | [홈]→[게임 설정]을 선택해 게임 설정 창 열기

왼쪽 메뉴에서 [보안]을 선택하고 제삼자 텔레포트 허용을 활성화합니다.

그림 4.76 | 제삼자 텔레포트 허용

이렇게 하면 간단히 다른 게임으로 텔레포트할 수 있습니다. 단, 이 작업을 테스트하려면 지금 만든 게임을 로블록스에 공개(출시)해야 하고 로블록스 스튜디오에서는 테스트하거나 확인할 수 없으니, 다른 게임으로의 텔레포트 테스트는 게임 출시 후 각자 해보기 바랍니다.

⑬ 친구랑 같이 게임 만들기

로블록스 스튜디오에서는 게임을 친구와 협업해서 만들 수도 있습니다. 그럴 경우 게임 만드는 시간을 크게 단축할 수 있어 효율적입니다.

먼저 로블록스 스튜디오에서 자기가 만들고 있는 게임이나 친구와 함께 만들고자 하는 게임을 불러옵니다. 그리고 메인 메뉴 오른쪽 상단에서 [공동 작업]을 클릭합니다.

그림 4.77 | 친구랑 같이 게임을 만들기 위한 [공동 작업] 메뉴

그러면 화면 중앙에 팝업 창이 하나 뜨는데, 팝업 창 가운데 있는 [Roblox에 저장] 버튼을 클릭합니다.

그림 4.78 | [공동 작업] 메뉴를 클릭하면 나타나는 팝업 창

이때 나타나는 설정 창에서 게임 이름과 설명 등 필요한 정보를 입력한 뒤, 팀 제작을 활성화하고, 아래쪽의 [저장] 버튼을 누릅니다.

	게임 저장
기본 정보	**기본 정보**
	이름
	example 4.13
	12/50
	설명
	example 4.13 - Make a game with friends
	39/1000
	크리에이터
	나
	장르
	전체
	기기
	☑ 컴퓨터　☑ 휴대폰
	☑ 태블릿　☐ 콘솔
	팀 제작
	🔵⚪
	공동 작업 및 클라우드에 자동 저장 활성화 더 알아보기
기존 게임 업데이트.	취소　저장

그림 4.79 | 게임 이름과 설명 등을 입력하고 게임 게시하기

그러고 나서 작업 화면으로 돌아오면 오른쪽 상단의 [공동 작업]을 다시 한 번 클릭합니다.

그림 4.80 | [공동 작업]을 클릭

❶ '사용자 및 그룹 추가'에 같이 게임을 만들고 싶은 사용자의 닉네임을 검색합니다. 그러면 검색창 아래로 해당 닉네임을 가진 사용자가 검색됩니다. ❷ 추가하고자 하는 사용자를 선택합니다.

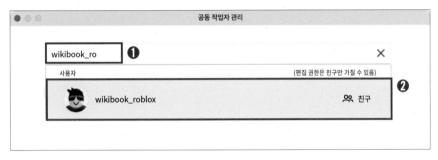

그림 4.81 | [공동 작업] 창에서 게임을 함께 만들고 싶은 친구를 검색해 추가한다.

❶ 닉네임 오른쪽의 드롭다운 박스를 클릭하여 '편집'으로 설정합니다. 그 상태로 ❷ [저장] 버튼을 누르고 나옵니다. 이제 추가한 닉네임의 사용자가 게임 개발에 참여할 수 있게 됩니다.

그림 4.82 | 친구에게 권한을 부여한다.

게임을 함께 만들려면 반드시 '친구' 상태여야 합니다. 닉네임 오른쪽의 드롭다운 박스에 '편집'이 없다면 이 책의 1.5절 친구 추가하기를 참고해 게임을 함께 만들고자 하는 사용자를 친구로 추가해주세요.

추가된 사용자가 해당 게임 만들기 페이지에 접속하려면, 로블록스 스튜디오 메인 화면으로 가서 [내 게임]→[나와 공유된 게임]을 클릭합니다. 그러면 친구가 나를 개발자로 추가한 게임 목록이 나타나고, 해당 게임을 클릭하면 개발에 참여할 수 있습니다.

그림 4.83 | 추가된 친구는 자신의 로블록스 스튜디오에서 나와 공유된 게임을 확인할 수 있다.

⑭ 게임 테스트하기

이번에는 지금까지 로블록스 스튜디오에서 열심히 만든 게임을 테스트하는 방법을 알아보겠습니다. 먼저 가장 간단한 게임 테스트 방법은 ❶ [홈]→[플레이]와 [중지] 메뉴를 이용하는 것입니다. 메뉴의 [플레이] 버튼이 아니라 화면 맨 위쪽 주 메뉴 왼쪽에 있는 아이콘 모음에서 ❷ '플레이'와 '중지'에 해당하는 아이콘을 누르는 것도 똑같은 기능을 합니다.

그림 4.84 | 로블록스 스튜디오 메뉴의 [플레이]와 [중지] 메뉴와 아이콘

게임 개발 화면의 한 지점을 마우스로 선택한 후 [홈]→[플레이] 아래의 작은 화살표를 클릭해 [여기서 플레이] 옵션을 선택하면, 게임을 플레이할 때 플레이어가 항상 마우스로 선택한 자리에 나타납니다. 이 옵션은 스폰포인트가 자신이 테스트하고자 하는 곳에서 멀리 떨어져 있을 때 활용하면 유용합니다.

그림 4.85 | 스폰포인트를 지정하는 [여기서 플레이] 옵션

또한, 스크립트 실행을 테스트할 때는 [홈]→[플레이] 아래의 작은 화살표를 클릭한 다음 [실행] 옵션을 선택합니다. 그러면 플레이어가 나타나지 않고 맵만 테스트할 수 있습니다. 예를 들어 파트를 공중에 띄웠다가 앵커를 푼 후 테스트하면 파트가 땅으로 떨어지는 것을 확인할 수 있습니다.

그림 4.86 | 플레이어 없이 테스트해 볼 수 있는 [실행] 옵션

마지막으로 더 정교하게 테스트하고 싶다면, 메뉴의 [테스트]로 이동합니다. 하위 메뉴에서 [로컬 서버]를 선택하고 플레이어 수를 원하는 만큼 설정한 후 [시작]을 누르면 창이 여러 개 뜨면서 플레이어를 각각 조정할 수 있게 됩니다. 이렇게 하면 혼자서도 플레이어를 여러 명 부를 수 있습니다.

그림 4.87 | 더 정교한 테스트를 위한 [테스트]→[시작] 메뉴와 그 옵션

⑮ 게임 저장하기

지금까지 로블록스 스튜디오를 이용해 기획한 게임을 만들고 테스트하는 방법까지 알아봤습니다. 이번에는 지금까지 만든 게임을 저장하는 방법을 알아보겠습니다.

화면 맨 위쪽 [파일] 메뉴를 클릭하면 저장 옵션이 몇 가지 있는데, 여기서 ❶ [파일에 저장]을 선택하면 내 컴퓨터에 로블록스 파일 형태로 저장할 수 있고, ❷ [Roblox에 저장]을 선택하면 파일을 내 컴퓨터가 아닌 로블록스에 저장할 수 있습니다. 이 경우 저장한 파일을 따로 보관하지 않아도 로블록스 스튜디오에 로그인하면 저장한 파일을 불러올 수 있습니다. 마지막으로 ❸ [Roblox에 게시]를 선택하면 로블록스에 바로 저장되면서 출시됩니다.

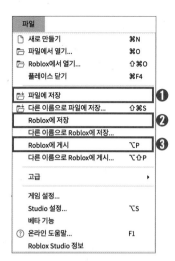

그림 4.88 | 로블록스 스튜디오의 다양한 게임 저장 옵션

여기서는 파일로 안전하게 저장하는 방법을 알아보겠습니다. [파일]→[파일에 저장]을 클릭하면 게임을 저장할 위치를 지정할 수 있는 창이 뜹니다. 게임 파일을 저장할 위치를 지정한 후 파일 이름을 입력하고, [저장]을 누르면 게임이 저장됩니다.

저장한 게임을 불러오는 방법 또한 간단합니다. 자신의 컴퓨터 탐색기로 가서 해당 파일을 더블 클릭해도 되고 [파일]→[파일에서 열기...]를 클릭해 자신이 저장한 파일을 선택해 불러와도 됩니다.

그림 4.89 | 저장한 파일 불러오기 메뉴

지금까지 로블록스 스튜디오로 게임을 만들 때 필요한 여러 가지 기술을 배워봤습니다. 여기서 설명한 모든 기능을 처음부터 전부 활용할 수는 없겠지만, 간단한 기능에서부터 시작하여 하나씩 만들어 가다 보면 어느 순간 여러분도 멋진 게임을 만들 수 있을 것입니다.

5장에서는 4장에서 사용한 스크립트 언어인 루아(Lua) 스크립트에 대해 알아보겠습니다. 루아 스크립트를 알아야만 로블록스 게임을 만들 수 있는 것은 아니지만, 기본을 알아두면 분명 게임을 플레이하고 만드는 데 도움이 될 것입니다.

5장

루아 스크립트

이번 장에서는 로블록스 스튜디오에서 사용하는 스크립트 언어인 루아(Lua)에 관해 알아보겠습니다. 루아 스크립트를 꼭 알아야만 게임을 만들 수 있는 것은 아니지만, 학습하고 나면 게임을 만드는 데 도움될 것입니다.

로블록스 스튜디오는 누구나 쉽게 게임을 만들 수 있는 그래픽 기반의 프로그램이지만, 게임을 좀 더 멋지고 고급스럽게 만들기 위해 스크립트를 활용하기도 합니다. 로블록스에서 사용하는 스크립트 언어는 '루아(Lua)'입니다. 이번 장에서는 루아 스크립트에 대해 살펴보겠습니다.

① 루아 스크립트란

루아 스크립트에서 루아(Lua)란 포르투갈어로 '달'을 의미합니다. 그리고 스크립트(Script)는 연극이나 영화에서 꼭 필요한 '대본'을 의미합니다. 루아 스크립트는 주로 게임에서 활용됩니다. 캐릭터 애니메이션이나 게임 세계의 각종 외관을 루아 스크립트를 사용해 바꿀 수 있으며, 로블록스의 경우에는 모든 스크립트가 루아로 되어 있습니다. 그래서 로블록스 스튜디오에서 게임을 만들 때 루아 스크립트를 알면 여러 모로 편리하고 유용합니다.

프로그램을 만드는 데 사용하는 언어로는 파이썬, C언어, 자바(Java)와 같이 다양한 언어가 있지만, 루아 스크립트는 프로그래밍 언어 중에서도 쉽게 배울 수 있으며 가볍다는 특징이 있습니다. 처음에는 힘들겠지만, 차분히 하나씩 배워나가다 보면 로블록스 게임에 들어가는 다양한 기능과 모양을 만들 수 있게 될 것입니다.

그림 5.1 | 루아 프로그래밍 언어 공식 로고 (출처: https://www.lua.org/)

이번 절에서는 로블록스 스튜디오에서 게임을 만들 때 알아두면 좋을 만한 스크립트 용어와 개념, 간단한 사용법을 알아보겠습니다. 지금부터 설명하는 내용은 루아 스크립트뿐만 아니라 다른 프로그래밍 언어에서도 형식만 조금씩 다를 뿐 공통으로 사용되는 개념이므로 알아두면 도움이 될 것입니다.

변수, 연산자, 주석, 조건문, 반복문, 함수의 순으로 알아볼 텐데, 용어가 조금 어렵게 느껴지더라도 그냥 건너뛰지 말고 가벼운 마음으로 한 번 읽어보세요. 그리고 다음에 읽을 때는 간단한 스크립트 실습도 한 번 따라 해보세요. 실습을 따라 하다 보면 나중에 로블록스 스튜디오에서 게임을 만들다가 스크립트를 수정할 일이 있을 때 조금씩 활용할 수 있을 겁니다.

먼저 로블록스 스튜디오에서 스크립트를 사용할 때 알아두면 좋을 기본을 알아보겠습니다. 스크립트 창을 여는 방법과 스크립트의 오류를 찾아내는 방법, 스크립트의 종류를 살펴보겠습니다.

◙ 스크립트 파일 생성하기

로블록스 스튜디오를 실행하고 스크립트를 추가하겠습니다. [탐색기] 창의 [Workspace] 옆의 + 버튼을 클릭해 [Script]를 불러옵니다. [Script]를 선택하면 왼쪽에 자동으로 스크립트 창이 열립니다.

그림 5.2 | Workspace에 스크립트(Script) 추가

아직 배우지 않아서 무슨 뜻인지는 모르겠지만, 스크립트 창에 다음과 같은 문장이 작성돼 있습니다.

```
01  print("Hello world!")
```

이 상태로 [홈] → [플레이]를 눌러 실행해보겠습니다.

그림 5.3 | [홈] → [플레이]를 눌러 게임을 실행

게임을 실행해 보면 다음과 같이 출력 창에 "Hello world!"라고 출력된 모습을 볼 수 있습니다.

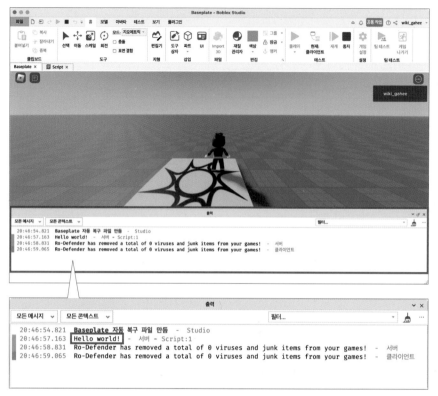

그림 5.4 | 출력 창에 출력된 "Hello world!"

출력 창이 보이지 않는다면 [보기] → [출력]을 선택해주세요.

그림 5.5 | 출력 창이 보이지 않는다면 [보기]→[출력]을 선택

지금부터 나오는 예제는 방금 살펴본 것처럼 스크립트 창에 작성하고, 게임을 플레이한 다음 출력 창에서 결괏값을 확인합니다. 기존 코드는 모두 지우고 예제를 따라서 실습해주세요.

◙ 모델에 스크립트 파일 생성하기

우선 스크립트를 넣고 싶을 때는 [탐색기] 창을 열고 스크립트를 넣고자 하는 요소 옆의 ❶ + 기호를 눌러 [Script]를 추가하거나 [모델] 탭의 ❷ [고급] – [Script] 아이콘을 클릭합니다. [모델]의 하위 메뉴를 이용해 스크립트 창을 여는 경우에는 [탐색기] 창에서 자신이 스크립트를 적용하고자 하는 부분(파트)을 미리 선택해야 한다는 점을 명심하세요.

그림 5.6 | 로블록스 스튜디오에서 스크립트 창을 여는 두 가지 방법

◙ 스크립트 오류

스크립트를 작성하다 보면 단어 아래에 빨간색 밑줄이 자동으로 그어지는 경우가 있는데, 그것은 해당 표현이 잘못되었음을 알려주는 표시입니다. 그런데 이 빨간색 밑줄은 스크립트 문법이 잘못되었을 때 표시되는 것이고, 명령어가 틀린 경우에는 스크립트 창에 오류가 따로 표시되지 않습니다.

```
1  ▼ script.Parent.Touched:Connect(function(part)
2        Local parent = part.Parent
3        local human parent:FindFirstChild("Humanoid")
4
5        if human than
6            parent.Humanoid.Health = parent.Humanoid.Health + 100
7            wait(1)
8        end
9    end)
10
```

그림 5.7 | 스크립트 문법이 잘못되었을 때 해당 부분에 빨간색 밑줄이 표시된다.

이때는 다른 방법으로 실수를 잡아낼 수 있는데, [보기]에서 ❶ [출력]을 클릭하면 됩니다. 그러면 스크립트를 테스트하는데, 테스트하면서 스크립트에 오류가 있는 부분은 [출력] 창에 표시됩니다. 빨간색 부분을 클릭하면 코드의 어느 부분이 잘못되었는지 스크립트 창에 나타나고, 그 내용을 해석하면 명령어에 어떤 오류가 있으며 어떻게 바로잡을 수 있는지 알 수 있습니다. 이 [출력] 메뉴는 스크립트 오류 외에도, 게임의 바이러스나 다른 오류도 찾아주고 게임이 잘 업데이트되었는지도 확인해 줍니다. 간단하게 스크립트의 오류만 찾아내고 싶다면 [보기]에서 ❷ [스크립트 분석]을 클릭하면 됩니다.

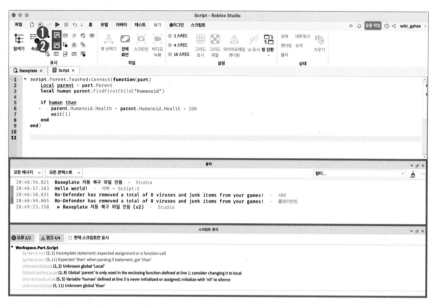

그림 5.8 | 스크립트 오류를 찾아주는 [출력]과 [스크립트 분석]

◎ 스크립트의 종류

그렇다면 스크립트에는 어떤 것들이 있을까요? [모델]의 하위 메뉴 중 [고급] 영역을 보면, ❶ [스크립트] 외에도 ❷ [로컬 스크립트]와 ❸ [모듈 스크립트] 아이콘이 있습니다.

그림 5.9 | [모델]→[고급] 영역의 [스크립트], [로컬 스크립트], [모듈 스크립트] 아이콘

이것들은 각각 사용하는 상황이 다릅니다. ❶ [스크립트]는 게임 서버에서 실행되는 스크립트, ❷ [로컬 스크립트]는 플레이어마다, 혹은 파트마다 적용할 수 있는 스크립트, ❸ [모듈 스크립트]는 어떤 정보나 확률을 저장했다가 나중에 가져다 쓸 수 있는 스크립트를 말합니다. 여기서 자주 사용하는 스크립트는 [스크립트]와 [로컬 스크립트]입니다.

② 변수

예제 파일 : 루아스크립트 – 5.2.rbxl

변수(Variable)란 하나의 값을 저장할 수 있는 저장 공간입니다. 저장 공간이라는 말이 어렵게 느껴진다면 값을 저장할 수 있는 바구니라고 생각해주세요. 이 바구니에 이름을 붙인 다음 특정한 값을 저장할 수도 있고, 필요할 때 값을 꺼내 올 수도 있습니다.

그림 5.10 | 변수에는 이름을 붙인 다음 값을 담거나 값을 꺼내올 수 있다.

이어서 변수를 만드는 방법과 변수에 들어 있는 값을 가져와 출력하는 방법, 변수에 들어 있는 값을 변경하는 방법을 알아보고, 변수에 어떤 값이 들어갈 수 있는지도 알아보겠습니다.

◉ 변수 만들고 변수에 값 담기

변수는 다음과 같은 형식으로 만듭니다. 가장 왼쪽에는 변수의 이름을 작성하고, 등호(=) 기호를 입력한 다음, 등호 오른쪽에는 변수에 담을 값을 넣어줍니다.

변수 이름 = **변수에 담을 값**

그럼 나이를 저장하기 위한 변수를 하나 만들고, 이 변수에 나이를 담아보겠습니다.

스크립트 5.1 나이를 저장하는 변수를 만들고 변수에 값 담기

```
01  -- myAge 변수에 14를 저장
02  myAge = 14
```

01 첫 번째 줄은 '주석'이라는 불리는 것으로, 스크립트를 작성하는 사람이 편의상 작성해두는 메모와 같은 것입니다. 루아 스크립트에서는 앞에 -- 기호를 넣어 주석임을 표시해줍니다. 주석은 컴퓨터가 인식하지 못하기 때문에 어떤 내용을 작성해도 상관없지만, 형식에 맞게 작성해야 합니다. 주석에 관해서는 5.4절에서 더 자세히 알아보겠습니다.

02 두 번째 줄의 내용은 변수를 만들고, 변수에 값을 담는 스크립트입니다. 가장 왼쪽에는 변수의 이름을 작성하고, 등호(=) 기호를 입력한 다음, 등호 오른쪽에는 변수에 담을 값을 넣어줍니다. 즉, myAge라는 이름을 가진 바구니(변수)에 숫자 14를 저장한 것입니다.

루아 스크립트를 비롯한 모든 스크립트 언어는 알파벳을 이용해 작성하는데, 변수의 이름을 만들 때는 a, b, gg와 같은 의미 없는 문자를 사용하기보다는 지금 만드는 변수가 어떤 값을 담고 있는지 추측할 수 있는 이름으로 짓는 게 좋습니다. 가령 myAge라는 위 스크립트의 변수는 '내 나이' 값을 담고 있을 거라고 유추할 수 있습니다. 그리고 우리는 그 값으로 14를 넣었습니다.

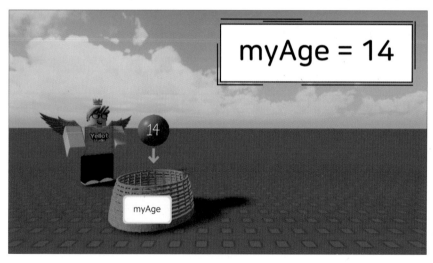

그림 5.11 | myAge라는 변수를 만들고, myAge 변수에 14를 담아준다.

◙ 변수에 담은 값 꺼내기

그럼 값이 잘 담겼는지 변수에 담긴 값을 꺼내 확인해볼까요? 값을 꺼낼 때는 다음과 같이 변수 이름을 작성합니다.

변수 이름

앞서 **myAge** 변수를 만들고, **myAge** 변수에 14를 담았는데, 이번에는 담았던 값을 꺼내 가져와 보겠습니다.

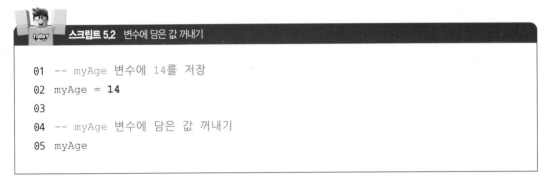

```
01  -- myAge 변수에 14를 저장
02  myAge = 14
03
04  -- myAge 변수에 담은 값 꺼내기
05  myAge
```

04 앞서 설명했듯이 앞에 -- 기호가 있으면 코드에 남기는 메모인 주석입니다. 앞으로 주석은 설명을 생략하겠습니다.

05 변수 이름인 **myAge**를 입력해 값을 확인합니다.

스크립트가 제대로 작성됐는지 확인해 보려면, 로블록스 스튜디오 상단 메뉴에서 [플레이] 버튼을 클릭하면 됩니다. 하지만 [플레이] 버튼을 클릭해도 출력 창에 아무런 변화가 없는 모습을 볼 수 있습니다.

출력 결과
〈출력 결과 없음〉

아무런 결과도 출력되지 않는 이유는 값을 꺼내긴 했지만, 출력하지는 않았기 때문입니다. 이어서 변수에 담은 값을 꺼낸 다음 이를 출력하는 방법을 살펴보겠습니다.

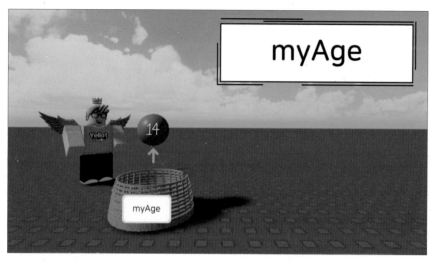

그림 5.12 | myAge라는 변수에 담은 값 꺼내기

◉ 변수에 담은 값 출력하기

이번에는 변수에 담은 값을 꺼낸 다음, 어떤 값이 저장되어 있는지 화면에 출력해서 확인해 보겠습니다. 무언가를 출력하는 데 사용하는 명령어는 **print()**입니다.

```
print(출력할 무언가)
```

print 뒤에 있는 괄호 안에 출력하고 싶은 값을 넣으면 출력 창에 출력됩니다. 만약 변수의 값을 출력하고 싶다면 다음과 같이 작성합니다.

```
print(변수 이름)
```

그럼 이번에는 **myAge** 변수에 담았던 값을 출력해 보겠습니다.

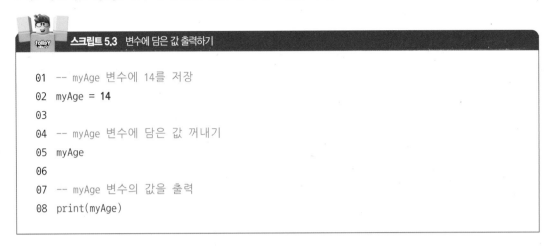

```
01  -- myAge 변수에 14를 저장
02  myAge = 14
03
04  -- myAge 변수에 담은 값 꺼내기
05  myAge
06
07  -- myAge 변수의 값을 출력
08  print(myAge)
```

08 여덟 번째 줄의 내용이 변수에 담긴 값을 출력하는 코드입니다. 변수에 담긴 값을 출력하려면 위 코드에서 보듯이 **print**를 입력하고 괄호 안에 값을 출력하고자 하는 변수 이름을 입력하면 됩니다.

스크립트가 제대로 작성됐는지 확인해 보려면, 로블록스 스튜디오 상단 메뉴에서 [플레이] 버튼을 클릭합니다. 그러면 출력 창에 앞에서 **myAge**에 저장했던 값인 14가 출력되는 모습을 볼 수 있습니다.

출력 결과
14

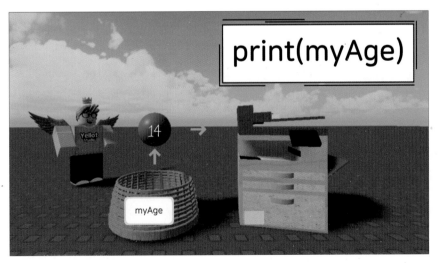

그림 5.13 | myAge라는 변수에 담은 값을 꺼내 출력하기

◉ 변수의 값 변경하기

변수는 이름 그대로 그 값이 변할 수 있습니다. 앞서 **myAge**에 14라는 값을 저장했는데, 값을 바꾸고 싶을 때는 어떻게 해야 할까요? 변수의 값을 바꿀 때는 변수를 만들어 값을 담을 때와 비슷한 방법으로 가장 왼쪽에는 값을 변경하고자 하는 변수의 이름을 작성하고, 등호(=) 기호를 입력한 다음, 등호 오른쪽에는 변수에 담을 새로운 값을 넣어줍니다.

> 값을 변경하고자 하는 변수 이름 = **새로운 값**

이번에는 값이 들어 있는 변수의 값을 변경하고 값이 제대로 바뀌었는지 확인해 보겠습니다.

스크립트 5.4 변수의 값 변경하기

```
01  -- myAge 변수에 14를 저장
02  myAge = 14
03
04  -- myAge 변수의 값을 출력
05  print(myAge)
06
07  -- myAge 변수에 13을 저장
08  myAge = 13
09
10  -- myAge 변수의 값을 출력
11  print(myAge)
```

07~11 앞에서 살펴본 01~05번째 줄의 코드와 형태가 똑같습니다. 보다시피 변수의 값을 변경할 때는 변수를 만들 때처럼 등호를 기준으로 왼쪽에 변수 이름을, 오른쪽에 변경하고자 하는 값을 입력하면 됩니다.

앞에서와 마찬가지로 [플레이] 버튼을 눌러 실행해 보면 처음에는 **myAge**에 14라는 값을 저장하고 출력했기 때문에 14가 출력되지만, 08번째 줄에서 **myAge**의 값을 13으로 변경한 다음 출력한 값은 13인 것을 볼 수 있습니다.

출력 결과
14
13

이처럼 변수에는 값을 저장할 수도 있고, 저장한 값을 변경할 수 있으며, 필요할 때 저장했던 값을 가져와 사용할 수 있습니다.

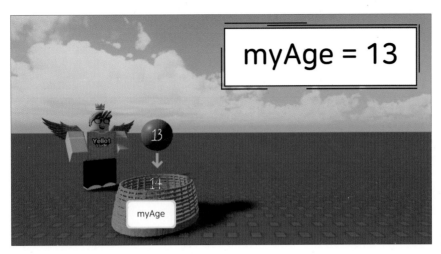

그림 5.14 | myAge라는 변수의 값을 13으로 바꿔 넣는다.

변수의 이름 (명명 규칙)

변수의 이름에는 영문자와 숫자, 밑줄(_)을 사용할 수 있습니다. 다만 첫 글자로 숫자가 올 수는 없습니다. 일부 언어에서는 변수의 이름으로 한글을 사용할 수도 있지만, 루아에서는 변수의 이름에 한글을 사용할 수 없습니다.

🔲 변수에 저장할 수 있는 값

앞서 **myAge** 변수에 숫자 값을 저장했는데, 루아의 변수에는 숫자뿐만 아니라 문자, 논리형을 저장할 수도 있습니다.

숫자를 저장할 때는 등호 오른쪽에 바로 숫자를 넣어주면 됩니다. 문자를 저장할 때는 저장할 문자열을 쌍따옴표("")로 묶어줍니다. 논리형은 참과 거짓을 나타내는 데이터로, 참은 **true**, 거짓은 **false**를 사용합니다.

그림 5.15 | 다양한 값을 담을 수 있는 변수

```
01   -- myAge 변수에 숫자(13) 저장
02   myAge = 13
03   print(myAge)
04
05   -- myName 변수에 문자(yellot) 저장
06   myName = "yellot"
07   print(myName)
08
09   -- isStudent 변수에 논리값(true) 저장
10   isStudent = true
11   print(isStudent)
```

출력 결과

```
13
yellot
true
```

 ## 연산자

✖ 예제 파일 : 루아스크립트 – 5.3.rbxl

연산자는 특정 작업을 하기 위해 사용하는 기호를 말합니다. 작업의 종류에 따라 다양한 연산자가 있습니다. 이 책에서는 변수에 대입할 때 사용하는 대입 연산자, 사칙연산에 사용하는 산술 연산자, 두 수의 값을 비교할 때 사용하는 비교 연산자, 논리값인 참과 거짓을 연산해 새로운 논리값을 도출하는 논리 연산자를 살펴보겠습니다.

◎ 대입 연산자

앞서 변수에 값을 넣을 때 사용한 연산자가 대입 연산자입니다. 오른쪽에 있는 값을 왼쪽 변수에 대입할 때(넣을 때) 사용합니다.

스크립트 5.6 대입 연산자

```
01  myAge = 13
02  print(myAge)
```

01 값을 대입할(넣을) 때 사용하는 연산자인 대입 연산자는 = 기호를 사용합니다. 변수를 살펴보면서 이미 많이 사용해 봤죠? `myAge` 변수에 13이라는 값을 = 기호를 이용해 대입했습니다.

02 값이 잘 대입됐는지 확인하기 위해 `print()` 문을 이용해 `myAge`를 출력해봅니다.

[플레이] 버튼을 눌러 실행해 보면 13이 출력되는 모습을 볼 수 있습니다.

출력 결과
13

◎ 산술 연산자

산술 연산자는 이름 그대로 산술(수학적인 계산)에 사용하는 연산자입니다. 산술 연산자에는 덧셈, 뺄셈, 곱셈, 나눗셈이 있습니다. 덧셈과 뺄셈은 수학에서 사용하는 기호와 똑같이 +, -기호를 이용하지만, 컴퓨터 키보드에는 곱셈(×) 기호와 나눗셈(÷) 기호가 없기 때문에 곱셈 기호 대신에 별표(*), 나눗셈 기호 대신에 슬래시(/)를 이용한다는 점에 주의하세요.

산술 연산자	설명
+	두 값을 더할 때 사용하는 연산자입니다.
-	두 값을 뺄 때 사용하는 연산자입니다.
*	두 값을 곱할 때 사용하는 연산자입니다. 수학에서 사용하는 기호와 모양이 다른 점에 주의하세요.
/	두 값을 나눌 때 사용하는 연산자입니다. 수학에서 사용하는 기호와 모양이 다른 점에 주의하세요.

두 수를 연산하는 산술 연산자를 살펴보겠습니다.

스크립트 5.7 산술 연산자

```
01  val1 = 6
02  val2 = 2
03
04  add = val1 + val2
05  print(add)
06
07  minus = val1 - val2
08  print(minus)
09
10  multi = val1 * val2
11  print(multi)
12
13  division = val1 / val2
14  print(division)
```

01~02 　두 개의 변수를 만들었습니다. 첫 번째 변수인 **val1**에는 6을 담고, 두 번째 변수인 **val2**에는 2를 담았습니다. 변수 이름과 변수에 담을 값은 자유롭게 바꿔 보세요.

04~05 　이름이 **add**인 변수를 만들고 산술 연산자 **+**를 이용해 **val1**과 **val2**를 더했습니다. 그리고 **add** 변수에 담긴 값을 출력했습니다.

07~08 　이름이 **minus**인 변수를 만들고 산술 연산자 **-**를 이용해 **val1**에서 **val2**를 뺐습니다. 수학에서와 마찬가지로 앞에 있는 수에서 뒤에 있는 수를 빼줍니다. 그리고 **minus** 변수에 담긴 값을 출력했습니다.

10~11 　이름이 **multi**인 변수를 만들고 산술 연산자 *****를 이용해 **val1**과 **val2**를 곱했습니다. 산술 연산자에서는 곱셈을 할 때 x 기호가 아닌 ***** 기호를 사용합니다. 그리고 **multi** 변수에 담긴 값을 출력했습니다.

13~14 　이름이 **division**인 변수를 만들고 산술 연산자 **/**를 이용해 **val1**을 **val2**로 나눴습니다. 수학에서와 마찬가지로 앞에 있는 수를 뒤에 있는 수로 나눕니다. 그리고 **division**에 담긴 값을 출력했습니다.

게임을 플레이해 실행해 보면 숫자 6과 숫자 2를 덧셈, 뺄셈, 곱셈, 나눗셈한 결과가 올바르게 출력되는 모습을 볼 수 있습니다. 이때 나눗셈의 경우 소수점을 포함한 결과가 출력됩니다.

출력 결과
8
4
12
3.0

■ 비교 연산자

양쪽 값을 비교하는 연산자입니다. 비교 연산자의 결과는 **true** 또는 **false** 중 하나입니다. **true**는 양쪽 값을 비교한 결과가 참이라는 의미이고, **false**는 양쪽 값을 비교한 결과가 거짓이라는 의미입니다.

비교 연산자	설명
==	왼쪽 값과 오른쪽 값이 같으면 true, 다르면 false
~=	왼쪽 값과 오른쪽 값이 다르면 true, 같으면 false (==의 결과와 반대)
>	왼쪽 값이 오른쪽 값보다 크면 true, 작으면 false
>=	왼쪽 값이 오른쪽 값보다 크거나 같으면 true, 작으면 false
<	오른쪽 값이 왼쪽 값보다 크면 true, 작으면 false
<=	오른쪽 값이 왼쪽 값보다 크거나 같으면 true, 작으면 false

두 수를 비교하는 비교 연산자를 살펴보겠습니다. 결과를 확인하기 전에 각각 어떤 값이 출력될지 생각해 보세요.

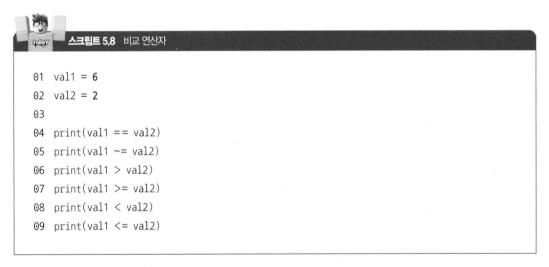

스크립트 5.8 비교 연산자

```
01 val1 = 6
02 val2 = 2
03
04 print(val1 == val2)
05 print(val1 ~= val2)
06 print(val1 > val2)
07 print(val1 >= val2)
08 print(val1 < val2)
09 print(val1 <= val2)
```

01~02 두 개의 변수를 만들었습니다. 첫 번째 변수인 **val1**에는 6을 담고, 두 번째 변수인 **val2**에는 2를 담았습니다. 변수 이름과 변수에 담을 값은 자유롭게 바꿔 보세요.

04~09 비교 연산자를 이용해 **val1**과 **val2**를 비교한 다음, 비교한 값을 출력했습니다.

게임을 플레이해 실행해 보면 각각의 결과가 출력되는 모습을 볼 수 있습니다. 어떤가요? 예상했던 값이 출력됐나요?

출력 결과

```
false
true
true
true
false
false
```

비교 연산자는 뒤에서 배울 조건문과 반복문의 조건으로 자주 등장하니 잘 기억해두세요.

◼ 논리 연산자

논리값인 참과 거짓을 연산해 새로운 논리값을 도출하는 연산자입니다.

논리 연산자	설명
and	A and B라면 A와 B 모두 true일 때만 true
or	A or B라면 A와 B 둘 중 하나라도 true라면 true
not	not A라면 A가 true이면 false, A가 false이면 true

두 개의 논리값을 논리 연산하는 논리 연산자를 살펴보겠습니다. 결과를 확인하기 전에 각각 어떤 값이 출력될지 생각해 보세요.

스크립트 5.9 논리 연산자

```
01  print(true and true)
02  print(true and false)
03  print(true or false)
04  print(false or false)
05  print(not true)
06  print(not false)
```

게임을 플레이해 실행해 보면 각각의 결과가 출력되는 모습을 볼 수 있습니다.

```
true
false
true
false
false
true
```

논리 연산자 또한 조건문과 반복문 등의 조건에 자주 사용하는 연산자이므로 잘 기억해 두세요.

4 주석

✂ **예제 파일** : 루아스크립트 – 5.4.rbxl

지금까지 작성한 코드들은 컴퓨터가 읽고 실행해 주었습니다. 이번에는 코드에 메모를 남기는 방법을 살펴보겠습니다. 이러한 메모를 프로그램에서는 주석이라고 부릅니다.

루아에서는 한 줄 주석과 여러 줄 주석 두 가지 방법으로 주석을 남길 수 있습니다.

◉ 한 줄 주석

코드에 메모를 한 줄만 남길 때는 한 줄 주석을 이용합니다. 메모하고자 하는 문구 앞에 -- 기호를 붙이면 그 줄은 주석이 됩니다. 즉, 앞에 --가 있는 코드는 컴퓨터가 실행하지 않고 무시합니다.

루아에서는 한 줄 주석과 여러 줄 주석 두 가지 방법으로 주석을 남길 수 있습니다.

```
-- 한 줄 주석
```

 스크립트 5.10 한 줄 주석

```
01  -- 한 줄 주석
02
03  -- print("한 줄 주석 실습 1");
04  print("한 줄 주석 실습 2");        -- 코드 뒤에 추가한 주석
05  print("한 줄 주석 실습 3");
```

01~03 --로 시작하는 코드는 컴퓨터가 실행하지 않고 무시합니다. 따라서 화면에 출력되지 않습니다.

04 "한 줄 주석 실습 2"는 출력하지만, 그 뒤에 나오는 -- 뒤에 있는 문구는 실행하지 않고 무시합니다.

05 주석이 아니기 때문에 화면에 출력되는 모습을 볼 수 있습니다.

게임을 플레이해 실행해 보면 4번째 줄과 5번째 줄만 출력되는 모습을 볼 수 있습니다.

```
한 줄 주석 실습 2
한 줄 주석 실습 3
```

◙ 여러 줄 주석

코드에 메모를 여러 줄 남길 때는 여러 줄 주석을 이용합니다. 주석을 시작하는 곳에는 **--[[** 기호를 붙이고, 주석이 끝나는 곳에 **]]** 기호를 붙이면 그 사이에 있는 문장은 모두 주석이 됩니다. 즉, **--[[**와 **]]** 기호 사이에 있는 코드는 컴퓨터가 실행하지 않습니다.

```
--[[
    여러
    줄
    주석
]]
```

스크립트 5.11 여러 줄 주석

```
01  --[[ 여러 줄 주석
02      주석을 여러 줄로
03      쓸 수도 있습니다.
04  ]]
05
06  print("주석 실습");
```

01~04 --[[로 시작하는 1번 줄부터]]로 끝나는 4번 줄까지 모두 화면에 출력되지 않습니다.

06 주석이 아니기 때문에 화면에 출력되는 모습을 볼 수 있습니다.

```
주석 실습
```

이처럼 주석은 프로그램에 영향을 미치지 않으므로 주로 프로그램에 메모를 남길 때 사용합니다. 내가 작성한 코드를 다른 사람이 살펴보거나, 시간이 한참 지난 뒤에 코드를 다시 열어 봤을 때 프로그램을 이해하는 데 도움이 될 수 있게 코드에 주석(메모)을 남겨보세요.

⑤ 조건문

✖ **예제 파일** : 루아스크립트 – 5.5.rbxl

조건문이란 조건에 따라 프로그램이 다르게 동작하게 하는 수행문입니다. 루아에서의 조건문은 `if` 문을 사용하며, `if` 문을 이용해 조건이 참(true)인지 거짓(false)인지에 따라 서로 다른 문장을 실행하게 할 수 있습니다.

◉ if 조건문

가장 기본적인 `if` 문은 다음과 같습니다. `if` 바로 뒤에는 조건을 작성합니다. 이 조건이 참(true)이라면 `then` 뒤에 있는 문장을 실행합니다. `end`가 나오기 전까지가 조건이 참일 때 실행할 문장입니다. 조건으로는 참(true) 또는 거짓(false)이 올 수 있는데, 논리형의 `true`, `false` 값을 직접 작성할 수도 있지만, 논리 연산자나 산술 연산자가 올 수도 있습니다.

```
if 조건 then
    조건이 참일 때 실행할 문장
    조건이 참일 때 실행할 문장
end
```

`if` 문을 사용하는 예제를 살펴보겠습니다. 캐릭터의 체력(`health`)이 30보다 작다면 체력을 50으로 만들어주는 코드를 작성해 보겠습니다.

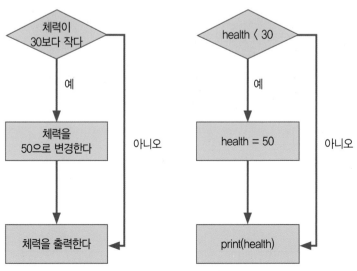

그림 5.16 | 체력이 30보다 작으면 체력을 50으로 보충해주는 조건문의 순서도

```
01  health = 20
02
03  if health < 30 then
04      health = 50
05  end
06
07  print(health)
```

01 health 변수를 만들고, health 변수의 값을 20으로 설정했습니다.

03 체력이 30보다 작은지 확인하는 조건문입니다. health 변수의 값이 30보다 작다면 4번째 줄이 실행되고, health 변수의 값이 30보다 크거나 같다면 if 조건문을 빠져 나가 6번째 줄부터 실행합니다.

04 if 조건을 만족하면 실행되는 문장입니다. 조건을 만족한다면 health 변수의 값을 50으로 설정합니다.

05 여기까지가 if 조건문입니다.

07 health 변수의 값을 출력합니다.

[플레이] 버튼을 눌러 게임을 실행해 보면 20이 아닌 50이 출력되는 모습을 볼 수 있습니다. 첫 번째 줄에서 체력을 20으로 설정했기 때문에 3번째 줄의 조건인 health < 30이 참입니다. 조건문의 조건을 만족하므로 4번째 줄에서 체력을 50으로 변경합니다. 그 결과 20이 아닌 50이 출력되는 모습을 볼 수 있습니다.

출력 결과

```
50
```

이번에는 첫 번째 줄의 **health**를 40으로 수정하고 실행해 보겠습니다.

```
01  health = 40
02
03  if health < 30 then
04      health = 50
05  end
06
07  print(health)
```

01 health 변수를 만들고, health 변수의 값을 40으로 설정했습니다.

03~07 앞서 살펴본 예제와 같습니다.

[플레이] 버튼을 눌러 게임을 실행해 보면 이번에는 40이 출력되는 모습을 볼 수 있습니다. 첫 번째 줄에서 체력을 40으로 설정했기 때문에 3번째 줄의 조건인 health < 30이 거짓입니다. 조건문의 조건을 만족하지 않으므로 조건문을 실행하지 않고, 그 결과 40이 출력됩니다.

출력 결과
40

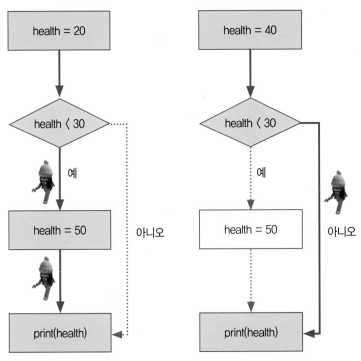

그림 5.17 | 체력이 20일 때와 체력이 40일 때의 조건문의 흐름

 들여쓰기

if 문의 코드를 보면 공백이 들어가 있는 부분을 볼 수 있습니다. 루아는 들여쓰기를 하지 않아도 코드가 동작하지 않는 문제가 생기지는 않습니다. 하지만 들여쓰기를 하면 어디서부터 코드 블록이 시작되고 끝나는지 쉽게 알 수 있습니다.

다음 코드에서는 들여쓰기를 함으로써 4번째 줄부터 7번째 줄까지가 if 문이라는 것을 한눈에 파악할 수 있습니다. 따라서 들여쓰기를 반드시 해야 하는 것은 아니지만, 코드를 쉽게 읽을 수 있게 들여쓰기 하는 습관을 들이는 것이 좋습니다.

```
01  health = 20
02  power = 20
03
04  if health < 30 then
05  ┌─→health = 50
06  ├─→power = power + 10
07  end
08
09  print(health)
10  print(power)
```

코드의 들여쓰기

코드의 들여쓰기

◘ if else 조건문

이번에는 참일 때 실행할 문장과 거짓일 때 실행할 문장이 다를 때 사용하는 **if else** 조건문입니다. **if** 조건문은 앞서 살펴본 것과 같고, 조건이 거짓이라면 **else** 뒤에 있는 문장을 실행합니다.

```
if 조건 then
    조건이 참일 때 실행할 문장
    조건이 참일 때 실행할 문장
else
    조건이 거짓일 때 실행할 문장
    조건이 거짓일 때 실행할 문장
end
```

앞서 작성한 코드에서 만약 캐릭터의 체력(**health**)이 30보다 작다면 "체력이 약합니다. 체력을 보충하겠습니다"라는 문장을 출력하고, 체력이 30보다 크다면 "체력이 남아 있습니다"라고 출력해 보겠습니다.

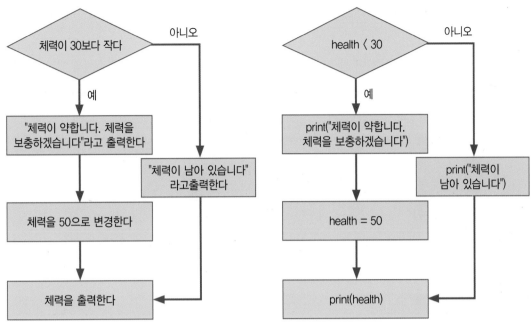

그림 5.18 | 체력에 따라 다른 문장을 출력하는 조건문의 순서도

```
01  health = 20
02
03  if health < 30 then
04      print("체력이 약합니다. 체력을 보충하겠습니다")
05      health = 50
06  else
07      print("체력이 남아 있습니다")
08  end
09
10  print(health)
```

01   health 변수를 만들고, health 변수의 값을 20으로 설정했습니다.

03   체력이 30보다 작은지 확인하는 조건문입니다.

04~05   if 조건을 만족하면 실행되는 문장입니다. 즉, health 변수의 값이 30보다 작다면 "체력이 약합니다. 체력을 보충하겠습니다"라고 출력하고, health 변수의 값을 50으로 설정합니다.

06   if 문의 조건을 만족하지 않으면 else 아래에 있는 문장이 실행됩니다.

07   if 조건을 만족하지 않으면 실행되는 문장입니다. 즉, health 변수의 값이 30보다 크거나 같다면 "체력이 남아 있습니다"를 출력합니다.

08   여기까지가 if 조건문입니다.

10   health 변수의 값을 출력합니다.

[플레이] 버튼을 눌러 게임을 실행해 보면 "체력이 약합니다. 체력을 보충하겠습니다"라고 출력하고, 20이 아닌 50이 출력되는 모습을 볼 수 있습니다. 첫 번째 줄에서 체력을 20으로 설정했기 때문에 3번째 줄의 조건인 health < 30이 참입니다. 조건문의 조건을 만족하므로 4번째 줄에서 체력이 약하다고 출력하고, 5번째 줄에서 체력을 50으로 변경합니다. 6~7번째 줄은 조건을 만족하지 않을 때 실행하는 문장이므로 실행하지 않습니다.

출력 결과

```
체력이 약합니다. 체력을 보충하겠습니다
50
```

다시 첫 번째 줄의 **health**를 40으로 수정하고 실행해 보겠습니다.

스크립트 5.16 캐릭터의 체력을 40으로 변경

```
01  health = 40
02
03  if health < 30 then
04      print("체력이 약합니다. 체력을 보충하겠습니다")
05      health = 50
06  else
07      print("체력이 남아 있습니다")
08  end
09
10  print(health)
```

01　　health 변수를 만들고, health 변수의 값을 40으로 설정했습니다.

03~10　앞서 살펴본 예제와 같습니다.

[플레이] 버튼을 눌러 게임을 실행해 보면 "체력이 남아 있습니다"라고 출력하고, 40이 출력되는 모습을 볼 수 있습니다. 첫 번째 줄에서 체력을 40으로 설정했기 때문에 3번째 줄의 조건인 health < 30이 거짓입니다. 조건문의 조건을 만족하지 않으므로 4~5번째 줄은 실행하지 않고, else 뒤에 있는 7번째 줄의 "체력이 남아 있습니다"가 출력되는 모습을 볼 수 있습니다.

출력 결과

```
체력이 남아 있습니다
40
```

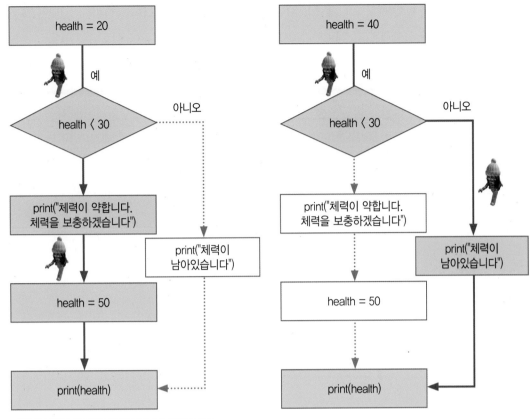

그림 5.19 | 체력이 20일 때와 체력이 40일 때의 조건문의 흐름

◘ if elseif 조건문

마지막으로 살펴볼 조건문은 조건이 여러 개일 때 사용하는 **if elseif** 조건문입니다. **if** 조건문은 앞서 살펴본 것과 같고, 또다른 조건은 **elseif** 뒤에 작성합니다. 해당 조건이 참(**true**)이라면 **then** 뒤에 있는 문장을 실행합니다.

```
if 조건 1 then
    조건 1이 참일 때 실행할 문장
    조건 1이 참일 때 실행할 문장
elseif 조건 2 then
    조건 2가 참일 때 실행할 문장
    조건 2가 참일 때 실행할 문장
end
```

앞서 작성한 코드에서 만약 캐릭터의 체력(**health**)이 30보다 작다면 "체력이 약합니다. 체력이 보충 하겠습니다"라는 문장을 출력하고, 체력이 70보다 크다면 "체력이 많이 남아 있습니다"라고 출력해 보겠습니다.

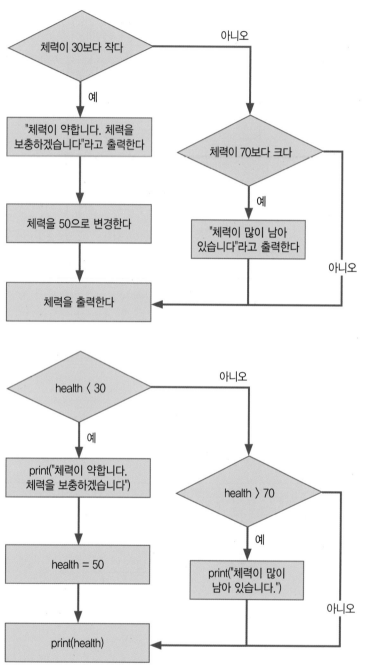

그림 5.20 | 체력에 따라 다른 문장을 출력하는 조건문의 순서도

스크립트 5.17 체력에 따라 다른 문장을 출력하는 조건문

```
01  health = 20
02
03  if health < 30 then
04      print("체력이 약합니다. 체력을 보충하겠습니다")
05      health = 50
06  elseif health > 70 then
07      print("체력이 많이 남아 있습니다")
08  end
09
10  print(health)
```

01   `health` 변수를 만들고, `health` 변수의 값을 20으로 설정했습니다.

03   체력이 30보다 작은지 확인하는 조건문입니다.

04~05   `if` 조건을 만족하면 실행되는 문장입니다. 즉, `health` 변수의 값이 30보다 작다면 "체력이 약합니다. 체력을 보충하겠습니다"라고 출력하고, `health` 변수의 값을 50으로 설정합니다.

06   3번째 줄의 `if` 문의 조건을 만족하지 않으면 다음 조건인 `elseif` 조건을 확인합니다. 여기에서는 체력이 70보다 큰지 확인합니다.

07   `elseif` 조건을 만족하면 실행되는 문장입니다. 즉, `health` 변수의 값이 70보다 크면 "체력이 많이 남아 있습니다"를 출력합니다.

08   여기까지가 `if` 조건문입니다.

10   `health` 변수의 값을 출력합니다.

[플레이] 버튼을 눌러 게임을 실행해 보면 "체력이 약합니다. 체력을 보충하겠습니다"라고 출력하고, 50이 출력되는 모습을 볼 수 있습니다. 첫 번째 줄에서 체력을 20으로 설정했기 때문에 3번째 줄의 조건인 `health < 30`이 참입니다. 조건문의 조건을 만족하므로 4번째 줄에서 체력이 약하다고 출력하고, 5번째 줄에서 체력을 50으로 변경합니다. 이미 만족하는 조건문을 실행했기 때문에 6~7번째 줄은 건너 뜁니다.

출력 결과

체력이 약합니다. 체력을 보충하겠습니다
50

다시 첫 번째 줄의 **health**를 80으로 수정하고 실행해 보겠습니다.

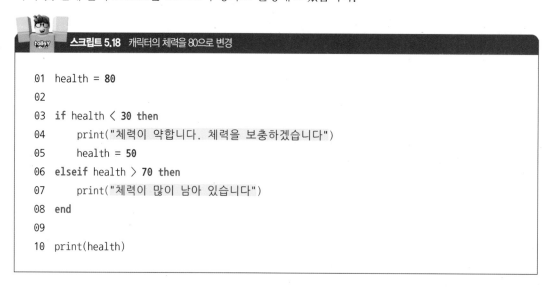

```
01  health = 80
02
03  if health < 30 then
04      print("체력이 약합니다. 체력을 보충하겠습니다")
05      health = 50
06  elseif health > 70 then
07      print("체력이 많이 남아 있습니다")
08  end
09
10  print(health)
```

01 　　health 변수를 만들고, health 변수의 값을 80으로 설정했습니다.

03~10 앞서 살펴본 예제와 같습니다.

[플레이] 버튼을 눌러 게임을 실행해 보면 "체력이 많이 남아 있습니다"라고 출력하고, 80이 출력되는 모습을 볼 수 있습니다. 첫 번째 줄에서 체력을 80으로 설정했기 때문에 3번째 줄의 조건인 health < 30이 거짓입니다. 조건문의 조건을 만족하지 않으므로 4~5번째 줄은 실행하지 않고, 6번째 줄의 두 번째 조건을 확인합니다. 6번째 줄의 조건인 health > 70이 참이므로 7번째 줄의 "체력이 많이 남아 있습니다"가 출력되는 모습을 볼 수 있습니다.

출력 결과

```
체력이 많이 남아 있습니다
80
```

이번에는 첫 번째 줄의 **health**를 40으로 수정하고 실행해 보겠습니다.

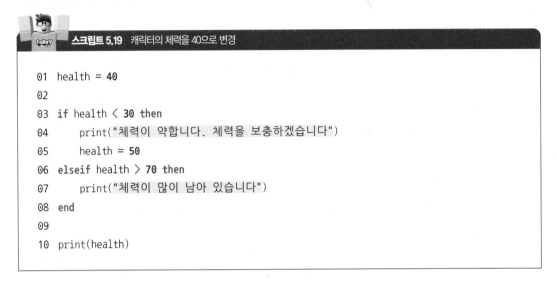

스크립트 5.19 캐릭터의 체력을 40으로 변경

```
01  health = 40
02
03  if health < 30 then
04      print("체력이 약합니다. 체력을 보충하겠습니다")
05      health = 50
06  elseif health > 70 then
07      print("체력이 많이 남아 있습니다")
08  end
09
10  print(health)
```

01 health 변수를 만들고, health 변수의 값을 40으로 설정했습니다.

03~10 앞서 살펴본 예제와 같습니다.

[플레이] 버튼을 눌러 게임을 실행해 보면 아무런 문장을 출력하지 않고 40이 출력되는 모습을 볼 수 있습니다. 첫 번째 줄에서 체력을 40으로 설정했기 때문에 3번째 줄의 조건인 **health < 30**이 거짓입니다. 조건을 만족하지 않으므로 4~5번째 줄은 실행하지 않고, 6번째 줄의 두 번째 조건을 확인합니다. 6번째 줄의 조건인 **health > 70**도 거짓이므로 7번째 줄도 실행하지 않고, 10번째 줄의 **health**만 출력되는 모습을 볼 수 있습니다.

출력 결과

40

체력이 20일 때의 조건문의 흐름

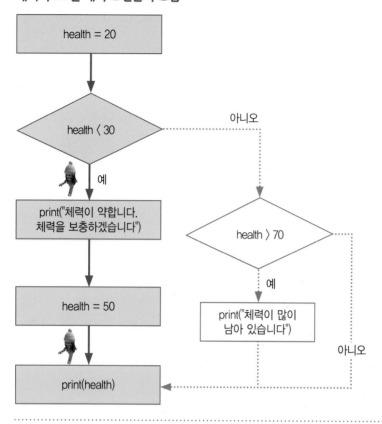

체력이 80일 때의 조건문의 흐름

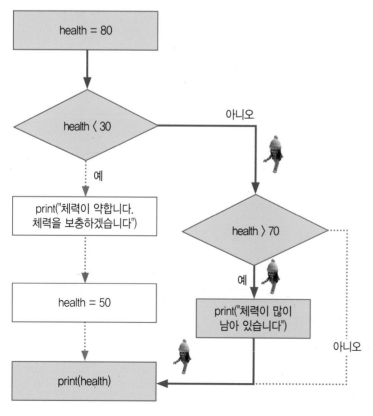

체력이 40일 때의 조건문의 흐름

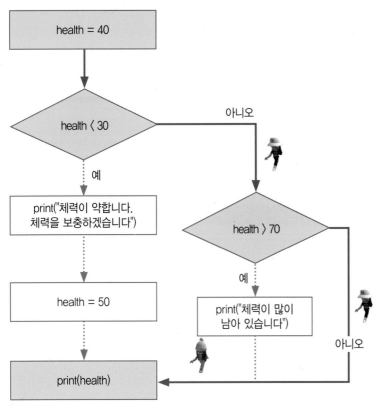

그림 5.21 | 체력이 20, 80, 40일 때의 조건문의 흐름

지금까지 살펴본 것처럼 특정 조건을 만족했을 때만 프로그램을 실행해야 할 때는 조건문을 사용합니다. 이 책의 예제에서도 자주 등장하므로 잘 기억해주세요.

⑥ 반복문

✖ **예제 파일** : 루아스크립트 – 5.6.rbxl

반복문은 프로그램이 반복적인 일을 할 수 있게 해주는 문장입니다. 루아의 반복문에는 **while** 문과 **for** 문이 있는데, 이 책의 예제에서는 **while** 반복문만 나오므로 **while** 반복문만 살펴보겠습니다.

◻ while 반복문

while 반복문의 구조는 다음과 같습니다. **while** 바로 뒤에 나오는 조건이 참(**true**)이라면 **then** 뒤에 있는 문장을 계속 반복합니다. **end**가 나오기 전까지가 조건이 참일 때 반복해서 실행할 문장입니다. **while** 반복문은 반복할 문장을 실행하기 전에 조건을 만족하는지 확인합니다. 조건을 만족한다면 **do** 부터 **end** 사이에 있는 문장을 실행합니다. 문장을 모두 실행한 다음 다시 조건을 만족하는지 확인하고, 조건을 만족하지 않을 때까지 계속 반복합니다.

```
while 조건 do
    조건 참일 때 반복할 문장
    조건 참일 때 반복할 문장
end
```

"안녕하세요"를 반복해서 출력하는 코드를 작성해 보겠습니다.

 스크립트 5.20 "안녕하세요"를 반복해서 출력하는 반복문

```
01  while true do
02      print("안녕하세요")
03  end
```

01 while 뒤에 오는 조건이 참인지 확인합니다. 여기에서는 조건에 **true**를 넣었기 때문에 반복문이 끝나지 않습니다.

02 조건이 참인 동안 "안녕하세요"를 출력합니다.

03 여기까지가 while 조건문입니다.

게임을 실행해 결과를 출력해 보면 "안녕하세요"가 끝없이 출력되는 모습을 볼 수 있습니다. 출력이 멈출 수 있게 게임 중지 버튼을 클릭해주세요. 이처럼 while 문의 조건에 **true**라고 입력하면 반복문이 끝나지 않고 무한으로 반복합니다. 반복문이 끝나지 않고 무한으로 반복하는 현상을 "무한 루프"라고 부르는데, **while** 반복문에서는 무한 루프에 빠지는 일이 없도록 조심해야 합니다.

출력 결과

안녕하세요
안녕하세요
안녕하세요
안녕하세요
… 게임을 종료할 때까지 출력 …

이번에는 조건을 false로 변경해 보겠습니다.

```
01  while false do
02      print("안녕하세요")
03  end
```

01 while 뒤에 오는 조건이 참인지 확인합니다. 여기에서는 조건에 false를 넣었기 때문에 반복문이 실행되지 않습니다.

02 조건이 참인 동안 "안녕하세요"를 출력합니다.

03 여기까지가 while 조건문입니다.

조건을 false로 변경하면 "안녕하세요"가 한 번도 출력되지 않는 모습을 볼 수 있습니다.

출력 결과

〈출력 결과 없음〉

앞서 살펴본 것처럼 while 문의 조건에 true나 false를 입력하면 무한으로 계속 반복하거나, 한 번도 실행되지 않는 반복문이 됩니다. while 문을 똑똑하게 사용하려면 다음과 같이 변수를 이용해 조건을 변화시켜야 합니다.

```
조건의 초깃값 설정

while 조건 do
    조건 참일 때 반복할 문장
    조건 참일 때 반복할 문장
    조건을 변화
end
```

"안녕하세요"를 10번만 출력하는 반복문을 작성해 보겠습니다.

스크립트 5.22 "안녕하세요"를 10번만 출력하는 반복문

```
01  count = 0
02
03  while count < 10 do
04      print("안녕하세요")
05      count = count + 1
06  end
```

01 while 반복문의 조건에 사용할 변수 count를 만들고, 0을 저장합니다.

03 while 뒤에 오는 조건이 참인지 확인합니다. count가 10보다 작다면 반복문을 실행합니다.

04 조건이 참이라면 "안녕하세요"를 출력합니다.

05 조건이 참이라면 count 변수의 값을 1 증가시킵니다.

06 여기까지가 while 조건문입니다.

게임을 실행해 보면 "안녕하세요"가 10번 출력되는 모습을 볼 수 있습니다. while의 조건식에 count < 10을 작성했기 때문에 count가 10보다 작을 동안은 "안녕하세요"를 출력합니다. 그리고 반복문 안에서 반복문을 실행할 때마다 count 변수의 값을 1씩 더하므로 반복문이 총 10번 실행됩니다.

출력 결과

```
안녕하세요
안녕하세요
안녕하세요
안녕하세요
안녕하세요
안녕하세요
안녕하세요
안녕하세요
안녕하세요
안녕하세요
```

조금 더 자세히 살펴보기 위해 반복문 안에서 count 변수의 값을 출력해 보겠습니다. 코드를 다음과 같이 수정합니다.

스크립트 5.23 반복문 내에서 count 변수의 값 출력하기

```
01  count = 0
02
03  while count < 10 do
04      print("안녕하세요")
05      print(count)
06      count = count + 1
07  end
```

01 while 반복문의 조건에 사용할 변수 count를 만들고, 0을 저장합니다.

03 while 뒤에 오는 조건이 참인지 확인합니다. count가 10보다 작다면 반복문을 실행합니다.

04 조건이 참이라면 "안녕하세요"를 출력합니다.

05 count 변수의 값을 확인하기 위해 count 변수를 출력합니다.

06 조건이 참이라면 count 변수의 값을 1 증가시킵니다.

07 여기까지가 while 조건문입니다.

게임을 실행해 보면 count 값이 1씩 증가하는 모습을 볼 수 있습니다. 9를 출력한 다음에 count값에 1을 더하면 count가 10이 되므로 조건을 만족하지 않아서 반복문이 종료됩니다.

출력 결과

```
안녕하세요
0
안녕하세요
1
안녕하세요
2
안녕하세요
3
안녕하세요
4
안녕하세요
5
안녕하세요
6
안녕하세요
7
안녕하세요
8
안녕하세요
9
```

◉ 반복문이 필요한 이유

반복문이 없는 경우를 상상해 보겠습니다. 앞서 "안녕하세요"를 10번 출력하는 코드를 작성했는데, 반복문이 없다면 어떻게 해야 할까요? print("안녕하세요")를 10번 작성해야 할 것입니다. 그렇다면 "안녕하세요"를 100번 출력해야 한다면 어떨까요? print("안녕하세요")를 100번 작성해야 할 것입니다.

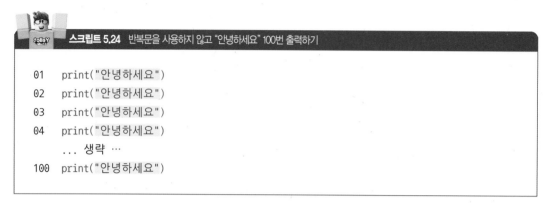

스크립트 5.24 반복문을 사용하지 않고 "안녕하세요" 100번 출력하기

```
01    print("안녕하세요")
02    print("안녕하세요")
03    print("안녕하세요")
04    print("안녕하세요")
      ... 생략 ...
100   print("안녕하세요")
```

반복문을 이용한다면 "안녕하세요"를 10번 출력하든 100번 출력하든 6줄의 코드만 작성하면 됩니다. 반복문을 이용하면 반복적인 작업을 손쉽게 할 수 있습니다.

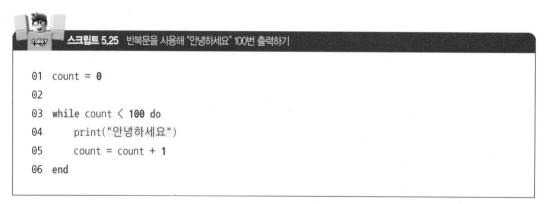

스크립트 5.25 반복문을 사용해 "안녕하세요" 100번 출력하기

```
01    count = 0
02
03    while count < 100 do
04        print("안녕하세요")
05        count = count + 1
06    end
```

루아의 반복문에는 while 반복문과 for 반복문 두 종류의 반복문이 있습니다. 이 책의 예제에서는 while 반복문만 사용하기 때문에 while 반복문만 설명했습니다. for 반복문은 반복 횟수가 정해져 있을 때 주로 활용하는 반복문인데, for 반복문의 활용법이 궁금하다면 구글에 "루아 for 반복문"으로 검색해 활용 방법을 살펴보세요.

반복문 역시 이 책의 예제에서 자주 등장하므로 조건문과 함께 잘 기억해주세요.

⑦ 함수

✖ 예제 파일 : 루아스크립트 – 5.7.rbxl

함수는 특정 기능을 수행하는 코드의 묶음에 이름을 붙인 것입니다. 자주 사용하는 코드의 묶음을 함수로 정의해 두면 필요한 곳에서 호출해 사용할 수 있습니다.

◢ 함수의 선언

가장 기본적인 함수의 구조는 다음과 같습니다. function이라고 입력해 함수라는 것을 명시하고, function 뒤에는 함수의 이름을 입력합니다. 함수 뒤에는 괄호가 오는데 우선은 괄호 안을 비워 두겠습니다. 이어서 함수에서 실행할 코드들을 작성합니다. end가 나오기 전까지가 함수에서 실행할 코드입니다.

```
function 함수 이름()
    함수에서 실행할 문장
    함수에서 실행할 문장
end
```

예제로 20과 40을 더한 다음 더한 값을 출력하는 sum이라는 함수를 만들어 보겠습니다.

스크립트 5.26 20과 40을 더하는 sum( ) 함수 만들기

```
01  function sum()
02      result = 20 + 40
03      print(result)
04  end
```

01 function 키워드를 작성해 함수를 만듭니다. function 뒤에는 함수의 이름인 sum을 작성합니다. 즉, 이름이 sum인 함수를 만들었습니다.

02 result 변수를 만들고, result 변수에는 20과 40을 더한 값을 담습니다.

03 result 변수의 값을 출력합니다.

04 여기까지가 sum 함수입니다.

이 상태로 게임을 실행해 보면 화면에 아무 것도 출력되지 않는 모습을 볼 수 있습니다.

아무런 결과가 출력되지 않는 이유는 함수를 정의하기만 하고 호출하지 않았기 때문입니다. 정의한 함수를 실행하려면 함수를 호출해야 합니다. 이어서 함수를 호출하는 방법을 살펴보겠습니다.

◉ 함수의 호출

함수를 호출할 때는 함수의 이름과 괄호를 입력합니다. 괄호 안에는 무언가 들어갈 수도 있고 비어 있을 수도 있습니다. 앞서 함수를 정의할 때 괄호 안을 비워 뒀으므로 호출할 때도 비워둡니다. (괄호의 의미는 잠시 후에 설명하겠습니다.)

> 함수 이름()

앞서 정의한 sum 함수를 호출해 보겠습니다.

스크립트 5.27 sum() 함수 호출하기

```
01  sum()
```

01 함수의 이름인 sum과 함께 괄호()를 입력하면 함수가 호출됩니다.

게임을 실행해 보면 화면에 20과 40을 더한 값인 60이 출력되는 모습을 볼 수 있습니다.

출력 결과

```
60
```

이번에는 sum 함수를 세 번 호출해 보겠습니다.

스크립트 5.28 sum( ) 함수 세 번 호출하기

```
01  sum()
02  sum()
03  sum()
```

01~03 함수의 이름인 sum과 함께 괄호( )를 입력하면 함수가 호출됩니다. 여기에서는 세 번 작성했으므로
sum 함수를 세 번 호출한 것입니다.

sum 함수를 호출하는 코드를 세 번 작성한 다음 게임을 실행해 보면 화면에 20과 40을 더한 값인 60
이 세 번 출력되는 모습을 볼 수 있습니다. 이처럼 한 번 정의한 함수는 필요할 때마다 여러 번 호출
해 사용할 수 있습니다.

출력 결과

```
60
60
60
```

앞서 만든 sum( ) 함수는 물론 필요할 때마다 호출해서 쓸 수 있다는 점에서는 유용하지만, 20과 40
을 더한 값만 출력할 수 있다는 문제가 있습니다. 이번에는 조금 더 유용한 함수로 만들기 위해 값을
전달 받고, 전달 받은 값에 10을 더해서 출력하는 함수를 만들어 보겠습니다.

◼ 하나의 값을 전달하는 함수

앞서 함수를 살펴보면서 괄호 안을 비워 두었습니다. 함수를 호출하면서 전달할 값이 없다면 괄호 안
을 비워두면 되지만, 함수를 호출하면서 전달할 값이 있다면 이 괄호 안에 매개변수를 작성합니다.

```
function 함수 이름(매개변수)
    함수에서 실행할 문장
    함수에서 실행할 문장
end
```

앞서 만들었던 sum 함수에 매개변수를 추가해 하나의 값을 전달 받는 함수로 만들어 보겠습니다.

```
01   function sum(value)
02       result = value + 10
03       print(result)
04   end
```

01 `function` 키워드를 작성해 함수를 만듭니다. `function` 뒤에는 함수의 이름인 sum을 작성합니다. 즉, 이름이 sum인 함수를 만들었습니다. sum 뒤에 오는 괄호 안에 매개변수를 추가합니다. 여기에서는 매개변수의 이름을 `value`라고 지정했습니다.

02 함수 안에서는 전달받은 값과 10을 더한 값을 출력하기 위해 `result` 변수를 만들고, `result` 변수에는 `value`와 10을 더한 값을 담습니다.

03 `result` 변수의 값을 출력합니다.

04 여기까지가 sum 함수입니다.

이어서 함수를 호출할 때 값을 전달하는 방법을 살펴보겠습니다. 앞서 괄호 안을 비워둔 상태로 호출했던 것과 달리 이번에는 괄호 안에 함수를 호출하면서 전달할 값을 넣어줍니다.

> 함수 이름(함수로 전달할 값)

앞서 작성한 sum 함수를 호출하면서 30을 전달해 보겠습니다.

```
01   sum(30)
```

01 함수의 이름인 sum과 함께 괄호( )를 입력하면 함수가 호출됩니다. 함수를 호출할 때 30이라는 값을 전달하기 위해 괄호 안에 30이라고 작성합니다.

게임을 실행해 보면 함수를 호출하면서 전달한 값인 30에 10을 더한 값인 40이 출력되는 모습을 볼 수 있습니다.

출력 결과

```
40
```

 지금까지 값을 출력할 때마다 신경 쓰지 않고 사용했던 print도 바로 함수입니다. print 함수는 하나의 매개변수를 전달 받으며, 전달 받은 값을 출력해줍니다.

```
print("출력할 값")
```

여러 개의 값을 전달하는 함수

앞서 살펴본 함수에서는 하나의 값을 전달했습니다(매개변수가 하나였습니다). 하지만 함수에 전달 하는 값은 한 개 뿐만 아니라 원하는 만큼 전달할 수 있습니다(매개변수가 여러 개 올 수 있습니다).

```
function 함수 이름(매개변수1, 매개변수2, …, 매개변수n)
    함수에서 실행할 문장
    함수에서 실행할 문장
end
```

매개변수가 여러 개 있는 함수를 정의했다면, 해당 함수를 호출할 때도 매개변수 개수를 맞춰서 호출 해야 합니다.

```
함수 이름(매개변수1, 매개변수2, …, 매개변수n)
```

이번에는 앞서 만든 **sum()** 함수를 조금 더 발전시켜서 두 개의 값을 전달 받고, 전달 받은 두 개의 값을 더한 다음 출력하도록 만들어 보겠습니다.

스크립트 5.31 전달 받은 두 개의 값을 더하는 sum() 함수 만들기

```
01  function sum(value1, value2)
02      result = value1 + value2
03      print(result)
04  end
```

01 `function` 키워드를 작성해 함수를 만듭니다. `function` 뒤에는 함수의 이름인 sum을 작성합니다. 즉, 이름이 sum인 함수를 만들었습니다. sum 뒤에 오는 괄호 안에 매개변수를 추가합니다. 여기에서는 두 개의 매개변수를 전달 받기 위해 함수 이름인 sum 뒤에 있는 괄호 안에 두 개의 변수를 추가합니다. 하나는 이름을 value1으로 설정했고, 다른 하나는 이름을 value2로 설정했습니다.

02 함수 안에서는 전달받은 두 개의 값을 더하기 위해 `result` 변수를 만들고, `result` 변수에는 `value1`과 `value2`를 더한 값을 담았습니다.

03 `result` 변수의 값을 출력합니다.

04 여기까지가 sum 함수입니다.

방금 작성한 **sum** 함수를 호출하면서 두 개의 값을 전달해 보겠습니다. 각각의 인자는 콤마(,)로 구분해 전달합니다.

스크립트 5.32 두 개의 값을 전달하며 sum() 함수 호출하기

```
01  sum(30, 40)
02  sum(20, 60)
03  sum(10, 15)
```

01~03 함수의 이름인 sum과 함께 괄호( )를 입력하면 함수가 호출됩니다. 함수를 호출할 때 두 개의 값을 전달하기 위해 괄호 안에 두 개의 값을 작성합니다. 이때 두 개의 값은 콤마(,)로 구분합니다.

게임을 실행해 보면 함수를 호출하면서 전달한 값을 각각 더한 값이 출력되는 모습을 볼 수 있습니다.

지금까지 변수, 연산자, 주석, 조건문, 반복문, 함수 등 루아 스크립트의 기초를 살펴봤습니다. 이어서 지금까지 배운 내용을 활용한 실전 예제를 살펴보겠습니다.

⑧ 사라졌다 나타나는 파트 만들기

❖ **준비 파일** : 예제 5.8_시작.rbxl   ❖ **완성 파일** : 예제 5.8.rbxl

앞에서 스크립트에 관한 전반적인 사실을 알아봤는데, 이 절에서는 스크립트를 직접 사용해 보겠습니다. 가장 기본적인 사용법으로, 파트의 투명도를 조절하는 스크립트를 다뤄보겠습니다. 달리 말하면 사라졌다 나타나는 파트라고도 할 수 있습니다. 다음과 같이 파트를 하나 생성합니다. 파트의 모양과 색상은 자유롭게 설정해주세요.

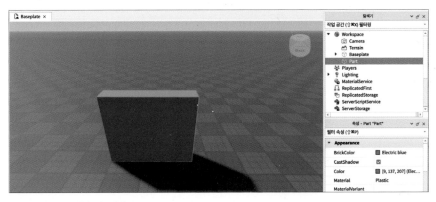

그림 5.22 | 예제에 사용할 파트 생성

스크립트를 작성할 때는 항상 그 스크립트가 어디에 적용되는지를 생각해야 합니다. 어떤 파트에 변화를 주고 싶다면, 그 파트를 선택한 후 [탐색기] 창에서 해당 파트 옆의 + 기호를 눌러 스크립트 창을 꺼냅니다.

그림 5.23 | Part에 스크립트 추가

예를 들어 다음과 같은 스크립트가 있다고 합시다.

```
01  script.Parent.Transparency = 1
```

이 스크립트는 파트의 투명도를 1로 설정하는 스크립트입니다. 이것은 [속성] 창에서 [모양(Appea
rance)] →[Transparency] 값을 1로 설정해주는 것과 같습니다. 투명도는 앞에서도 살펴봤지만, 0
과 1 사이의 값을 가지며, 0은 불투명, 1은 완전 투명을 말합니다. 게임을 실행해 보면 파트의 투명도
가 1로 설정돼 보이지 않는 모습을 확인할 수 있습니다.

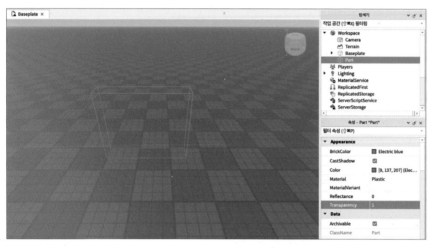

그림 5.24 | 스크립트가 적용돼 보이지 않는 파트

이제 이 기본 스크립트를 이용해 1초마다 파트를 사라졌다 나타나게 하는 스크립트를 작성해 볼까요?

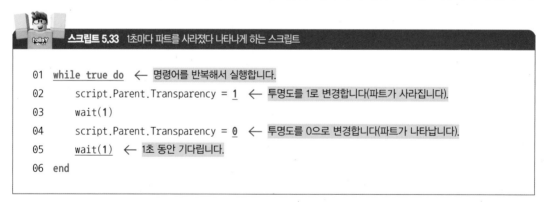

스크립트 5.33 1초마다 파트를 사라졌다 나타나게 하는 스크립트

```
01  while true do        ← 명령어를 반복해서 실행합니다.
02      script.Parent.Transparency = 1   ← 투명도를 1로 변경합니다(파트가 사라집니다).
03      wait(1)
04      script.Parent.Transparency = 0   ← 투명도를 0으로 변경합니다(파트가 나타납니다).
05      wait(1)   ← 1초 동안 기다립니다.
06  end
```

스크립트 5.33에서 01 **while true do**는 명령어를 반복해서 실행해주는 스크립트입니다. 그리고 02
와 04줄의 스크립트는 투명도를 바꾸는 스크립트입니다. 02줄처럼 오른쪽 항의 값이 1이면 파트가
사라지고(완전 투명), 04줄처럼 0이면 나타납니다(불투명). 03과 05의 **wait(1)**은 파트가 사라지고
나타나는 동작 사이에 1초만큼 기다리기를 지시하는 명령어입니다.

위와 같이 스크립트를 입력한 후 [플레이] 버튼을 눌러 스크립트를 테스트해 보면 그림으로는 확인하기 어렵지만, 파트가 1초마다 사라졌다 나타나기를 반복하는 것을 확인할 수 있습니다.

그림 5.25 | 스크립트로 1초마다 사라졌다 나타나는 파트를 만들 수 있다.

⑨ 랜덤으로 색깔이 바뀌는 파트 만들기

❖ **준비 파일** : 예제 5.9_시작.rbxl   ❖ **완성 파일** : 예제 5.9.rbxl

이번에는 랜덤으로 색깔이 바뀌는 파트를 스크립트를 이용해 구현해 보겠습니다. 우선 색깔을 바꾸고자 하는 파트를 선택해 스크립트 창을 열어줍니다. 스크립트 창을 여는 방법은 앞에서 설명한 바와 같이 [탐색기] 창의 해당 파트로 가서 + 기호를 클릭한 다음 [Script]를 선택하면 됩니다.

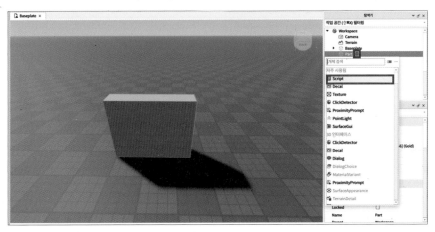

그림 5.26 | 예제에 사용할 파트를 생성하고 스크립트 추가

이번 예제에 이용할 기본 스크립트는 다음과 같습니다. 로블록스에서는 대소문자를 구분하니 정확하게 구분하여 입력해주세요.

```
01  script.Parent.Color = Color3.new()
```

스크립트 창에 코드를 입력한 후 오른쪽 항의 괄호 안에서 한 번 클릭하면 색을 선택할 수 있는 옵션이 나타납니다.

그림 5.27 | Color3.new( )의 괄호 안을 클릭하면 색상을 선택할 수 있는 아이콘이 나타난다.

가운데 색상 선택 아이콘을 클릭하면 [색 선택] 창이 나타나는데, 여기서 원하는 색상을 선택한 후 [확인]을 클릭합니다.

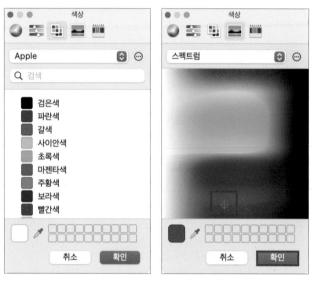

그림 5.28 | [색 선택] 창에서 원하는 색을 선택한 후 [확인] 버튼을 누른다.

그러면 스크립트의 빈 괄호 안에 자동으로 3개의 숫자가 들어가는데, 그것을 색상 코드라고 생각하면 됩니다.

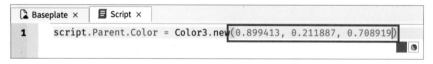

그림 5.29 | [색 선택] 창에서 색을 선택하여 자동으로 입력된 색상 코드

이 상태로 [플레이] 버튼을 눌러 확인하면 파트가 스크립트에서 지정한 색으로 바뀌어 있는 것을 확인할 수 있습니다.

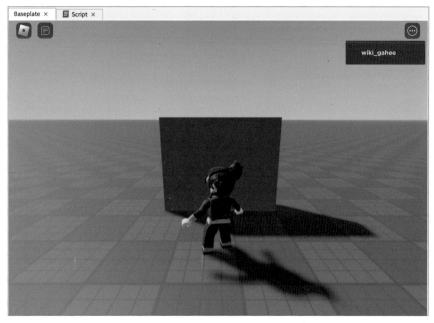

그림 5.30 | [플레이] 버튼을 눌렀을 때 파트에 선택한 색상이 적용된 모습

그럼, 이번에는 지정한 색이 아니라 랜덤으로 파트 색상이 바뀌게 해보겠습니다. 우선 파트에 다음 스크립트를 입력합니다.

```
01  script.Parent.Color = Color3.new(math.random( ), math.random( ), math.random( ))
```

이 상태에서 [플레이] 버튼을 누르면 버튼을 누를 때마다 파트 색상이 랜덤하게 다른 색으로 바뀌어 표시되는 것을 확인할 수 있습니다. 앞에서와는 달리 이번에는 색상 코드 대신 **math.random( )**을 넣어 각 색상 코드가 랜덤하게 들어가도록 설정했습니다. 같은 표현이 3번 들어간 이유는 색상을 나타내는 코드가 3개의 값으로 이루어지기 때문입니다.

그림 5.31 | [플레이] 버튼을 누를 때마다 파트에 랜덤한 색상이 적용된 모습

이 기본 명령어를 활용해 이번에는 [플레이] 버튼을 다시 누르지 않아도 0.5초마다 색상이 랜덤하게 바뀌는 스크립트를 작성해 보겠습니다.

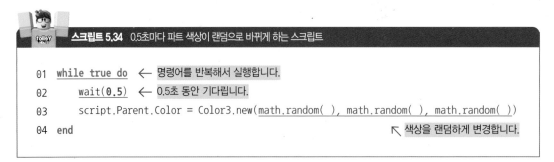

스크립트에서 01줄은 반복을 위한 구문입니다. 02줄은 색깔을 바꾸는 간격을 0.5초로 설정하는 구문입니다. 색깔을 더 빠르게 바뀌게 하고 싶으면 더 작은 수를, 더 느리게 바뀌게 하고 싶으면 더 큰 수를 넣어주면 됩니다. 그리고 앞에서 작성한 파트의 색상을 랜덤하게 바꾸는 스크립트(03줄)를 넣었습니다.

여기까지 작성하고 나서 [플레이] 버튼을 누르면, [플레이] 버튼을 반복적으로 누르지 않아도 색상이 0.5초마다 랜덤하게 바뀌는 것을 확인할 수 있습니다.

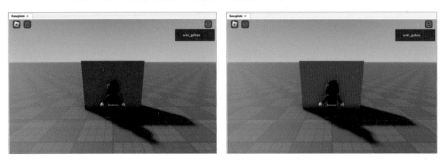

그림 5.32 | [플레이] 버튼을 눌렀을 때 색상이 0.5초마다 랜덤하게 바뀌는 파트 완성

⑩ 체력 회복 파트 만들기

❖ 준비 파일 : 예제 5.10_시작.rbxl   **❖ 완성 파일** : 예제 5.10.rbxl

이번 예제를 테스트하려면 플레이어의 체력을 닳게 하는 파트와 체력을 회복시켜주는 파트가 필요합니다. 체력이 닳는 파트 만들기는 2.8절을 참고하세요. 체력이 닳는 파트를 추가했으면 스크립트를 사용하는 마지막 예제로 체력을 회복시켜주는 파트를 만들어 보겠습니다. 플레이어가 닳으면 소진된 체력이 다시 회복되게 하는 파트입니다. 이번에도 마찬가지로 만들고자 하는 파트를 선택하고 [탐색기] 창에서 해당 파트 옆의 + 기호를 눌러 [Script] 창을 열어줍니다.

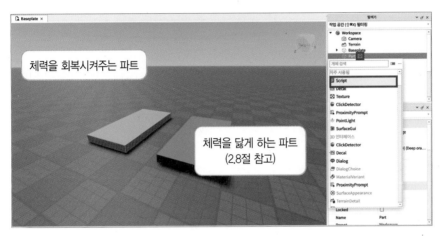

그림 5.33 | 예제에 사용할 파트를 생성하고 스크립트 추가

스크립트 창에 다음 스크립트를 입력합니다.

스크립트 5.35 닿으면 체력이 회복되는 파트를 만드는 스크립트

```
01  script.Parent.Touched:connect(function(part)
02      local parent = part.Parent
03      local human = parent:FindFirstChild("Humanoid")
04
05      if human then
06          parent.Humanoid.Health = parent.Humanoid.Health + 100
07          wait(1)
08      end
09  end)
```

↖ 체력을 회복시키는 스크립트

이렇게 입력하고 [플레이] 버튼을 눌러 테스트해 봅니다. 이 스크립트를 테스트하려면 먼저 플레이어가 체력을 닳게 하는 파트(초록색)로 가서 체력을 떨어뜨린 후에 이번 절에서 작업한 파트(노란색)로 가서 체력이 회복되는지 확인해야 합니다. 체력이 풀(full)로 채워진 플레이어의 체력을 회복하게 할 수는 없으니까요.

그림 5.34 | 체력을 닳게 하는 초록색 파트를 밟아서 체력이 소진되고 있는 플레이어

스크립트 5.35는 플레이어가 해당 파트에 닿으면(01줄) 플레이어의 체력에 100을 더해주는(06줄) 스크립트입니다. 플레이어의 체력을 나타내는 지수는 100이 최대치인데, 06줄에서 마지막에 더해주는 숫자를 100이 아닌 1이나 5로 바꾸면 플레이어가 해당 파트에 닿았을 때 체력이 한꺼번에 회복되지 않고 서서히 회복됩니다.

```
06  parent.Humanoid.Health = parent.Humanoid.Health + 5 ← 체력을 한꺼번에 회복시키지 않고 서서히 회복
```

그림 5.35 | 노란색 파트를 밟아서 체력이 회복된 플레이어

스크립트의 이 부분을 응용하면 플레이어의 체력을 회복시켜주는 파트가 아니라 닳게 하는 파트를 만들 수도 있습니다. 스크립트 5.35에서 06줄 스크립트 맨 뒤의 + 부분을 −로 바꿔주기만 하면 됩니다.

```
06   parent.Humanoid.Health = parent.Humanoid.Health - 5
```
↖ + 부분을 −로 바꾸면 체력을 닳게 하는 파트를 만들 수 있습니다.

이렇게 하면 플레이어가 파트에 닿았을 때 플레이어의 체력이 회복되는 것이 아니라 소진됩니다.

지금까지 로블록스에서 사용하는 루아 스크립트에 관해 알아보고 루아 스크립트를 이용해 파트에 스크립트를 적용하는 방법을 알아봤습니다. 예제 몇 가지를 직접 구현해 보면서 실제로 어떻게 응용할 수 있는지도 살펴봤습니다. 로블록스 스튜디오에서 스크립트는 필수로 알아야 하는 것은 아니지만, 알아두면 좀 더 다양하고 멋진 파트와 기능을 구현할 수 있습니다. 간단한 것부터 조금씩 따라해 보면서 익히다 보면 점점 실력이 쌓여갈 것입니다.

6장

GUI로
화면 꾸미기

이번 장에서는 로블록스 스튜디오에서 GUI를 활용하는 다양한 방법을 살펴봅니다. 기본적인 GUI를 활용하는 방법부터 상점 만들기까지 로블록스 화면 꾸미기를 통해 게임을 좀 더 생동감 있고 보기 좋게 만드는 방법을 알아봅니다.

GUI란 Graphical User Interface의 약자로, 사용자가 컴퓨터와 정보를 교환할 때 그래픽을 통해 작업할 수 있는 환경을 말합니다. 여러 기능을 알기 쉬운 아이콘 등의 그래픽으로 나타내면 컴퓨터나 프로그래밍의 원리를 몰라도 누구나 쉽게 사용할 수 있습니다. 로블록스 스튜디오도 GUI 기반입니다. 이번 장에서는 로블록스 스튜디오에서 게임에 Gui 요소를 활용하는 방법을 알아보겠습니다.

 Gui란?

✖ **완성 파일** : 예제 6.1.rbxl

로블록스에서 Gui란 게임을 플레이했을 때 화면에 표시되는 버튼이나 텍스트를 말합니다. 로블록스 게임에서 Gui는 각종 정보를 알려주고, 게임 안에서 샵을 만들거나 로벅스로 아이템을 판매할 때도 사용합니다. 또한 투명 파트에 글자나 이미지를 넣는 것도 Gui에 해당합니다.

그림 6.1 | 로블록스 게임의 GUI

그럼 로블록스 스튜디오에서 Gui를 생성하고 사용하는 방법을 알아보겠습니다. Gui를 만들기 위해 먼저 [탐색기] 창과 [속성] 창을 열어주세요.

[탐색기] 창을 보면, [StarterGui]가 있습니다. 그 옆의 + 표시를 눌러 [ScreenGui]를 불러옵니다. 여기서 [ScreenGui]를 하나의 Gui 박스라고 생각하면 됩니다. 이 박스에 여러 Gui를 담을 수 있습니다. 우선 [ScreenGui] 옆의 + 기호를 눌러 [Frame]을 불러와 보겠습니다.

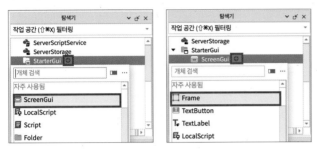

그림 6.2 | [탐색기] 창의 [StarterGui]→[ScreenGui]에서 원하는 Gui 컴포넌트를 불러올 수 있다.

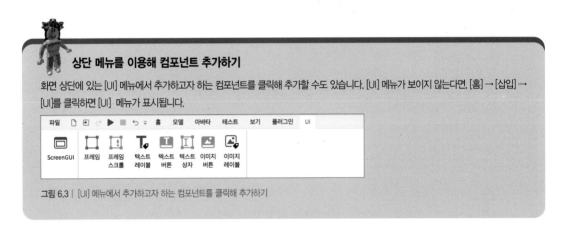

상단 메뉴를 이용해 컴포넌트 추가하기

화면 상단에 있는 [UI] 메뉴에서 추가하고자 하는 컴포넌트를 클릭해 추가할 수도 있습니다. [UI] 메뉴가 보이지 않는다면, [홈]→[삽입]→[UI]를 클릭하면 [UI] 메뉴가 표시됩니다.

그림 6.3 | [UI] 메뉴에서 추가하고자 하는 컴포넌트를 클릭해 추가하기

그러면 화면 한쪽에 흰색 프레임이 나타납니다. 이 프레임은 마우스로 끌어 위치를 조정할 수 있으며, 적당한 곳에 놓고 Gui로 사용할 수 있습니다. 대표적으로 자주 사용하는 Gui로는 텍스트 버튼과 텍스트 레이블, 이미지 버튼, 이미지 레이블이 있습니다. ❶ 텍스트 상자(TextButton)는 마우스를 그 위로 가져가면 색상이 어두워지면서 누를 수 있게 되어 있습니다. ❷ 텍스트 레이블(TextLabel)은 글자를 적을 수 있는 공간입니다. ❸ 이미지 버튼(ImageButton)은 이미지를 넣고 클릭할 수 있고 ❹ 이미지 레이블(ImageLabel)에는 이미지를 넣을 수 있습니다.

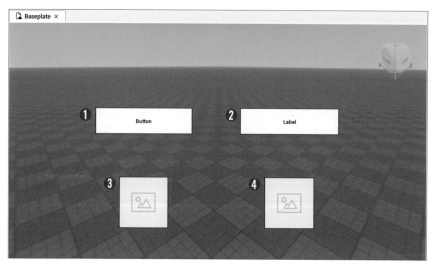

그림 6.4 | [ScreenGui]의 대표적인 Gui 컴포넌트

이 Gui 외에도 부가적으로 제공되는 Gui가 있는데, 텍스트 상자와 프레임 스크롤이 대표적입니다. ❺ 텍스트 상자(TextBox)는 검색창처럼 그 안에 텍스트를 입력할 수 있게 되어 있고, ❻ 프레임 스크롤(ScrollingFrame)은 프레임에 스크롤 바가 세로로 표시됩니다.

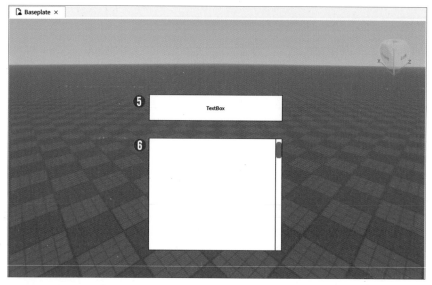

그림 6.5 | 텍스트 상자와 프레임 스크롤

그림처럼 Gui의 기본 디자인은 아주 단순합니다. 좀 더 다채로운 외관을 연출하고 싶다면, [탐색기] 창의 [StarterGui]→[ScreenGui]로 가서 외관을 바꾸고자 하는 Gui 이름을 선택합니다. 그리고 나서 [속성] 창으로 가면 그 Gui에 해당하는 속성이 나타납니다. 여기서 파트와 마찬가지로 Gui의 여러 속성을 변경할 수 있는데, 선택한 Gui의 배경색이나 투명도를 바꿀 수도 있습니다.

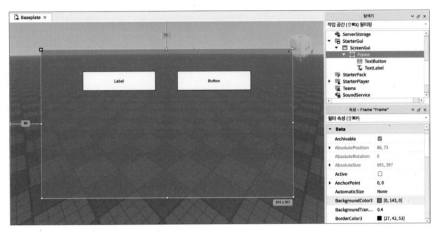

그림 6.6 | 각 Gui를 선택한 후 속성 창에서 외관을 바꿀 수 있다.

 ## GUI 기본 활용법

🔆 완성 파일 : 예제 6.2-1.rbxl

Gui를 활용하는 첫 번째 예로 텍스트 버튼을 꾸며 보겠습니다. 먼저 [탐색기] 창에서 [StarterGui]→[ScreenGui] 옆의 + 기호를 눌러 [TextButton] 하나를 불러옵니다.

그림 6.7 | ScreenGui에 TextButton 하나 추가

그러면 화면에 버튼이 하나 나타나는데, 그것을 클릭해서 선택합니다. 그 상태로 [속성] 창의
❶ [데이터(Data)]→[BackgroundColor3]로 가서 버튼 색상을 선택합니다. 버튼의 테두리를 없애
려면 ❷ [데이터(Data)]→[BorderSizePixel]로 가서 그 값을 0으로 설정하면 됩니다.

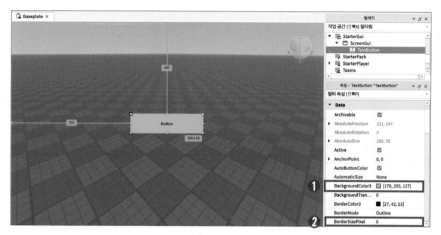

그림 6.8 | 텍스트 버튼의 배경색과 테두리 속성 바꾸기

버튼 위에 표시되는 글자는 [속성] 창의 ❸ [텍스트(Text)]→[Text] 값에 원하는 문구를 넣어 바꿀 수
있습니다. ❹ [텍스트(Text)]→[TextSize]에 값을 입력해 텍스트 크기를 원하는 대로 조정할 수도 있
고 ❺ [텍스트(Text)]→[TextScaled]의 체크박스에 체크하면 텍스트 크기가 버튼 크기에 맞게 자동으
로 조절됩니다. 텍스트의 색상 또한 ❻ [텍스트(Text)]→[TextColor3]에서 바꿀 수 있습니다.

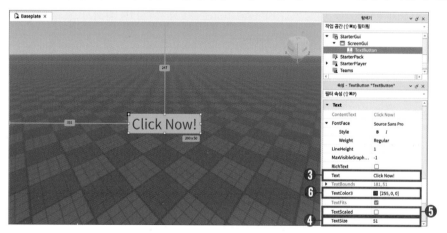

그림 6.9 | 텍스트 버튼의 글자 바꾸기

글꼴은 영문만 바꿀 수 있으며, 한글 글꼴은 제공되지 않으니 참고하세요. 영어의 글꼴을 변경하고자 한다면 [텍스트(Text)]→[FontFace] 속성을 이용하면 됩니다. 이런 식으로 모든 Gui를 자신의 취향에 맞게 꾸밀 수 있습니다.

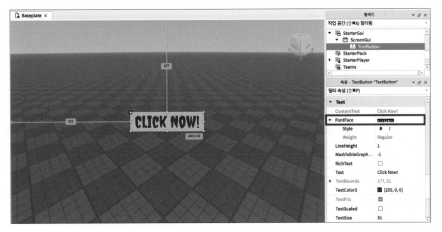

그림 6.10 | 폰트 타입은 영문에 한해서 다양하게 제공된다.

텍스트 버튼의 경우, 버튼을 누르면 샵(Shop)이 나오게 한다든지 팝업창이 나오게 할 때 자주 씁니다. 또한 텍스트 레이블은 배경을 투명하게 만들고 글자만 입력해서 안내판으로 주로 사용합니다. 플레이어에게 뭔가를 공지할 때 유용한 Gui입니다.

❖ **완성 파일** : 예제 6.2-2.rbxl

Gui의 두 번째 예로 이미지 레이블을 만들어보겠습니다. 먼저 [탐색기] 창에서 [StarterGui]→[ScreenGui] 옆의 + 기호를 눌러 [ImageLabel] 하나를 불러옵니다.

그림 6.11 | ScreenGui에 ImageLabel 하나 추가

이미지 레이블에 이미지를 업로드하려면 먼저 로블록스에 게임을 게시해야 합니다. [파일]→[Roblox에 게시]를 클릭해 게임을 게시합니다. 게임 게시 방법은 앞에서 여러 번 언급했으니 자세한 내용은 여기서는 생략하겠습니다.

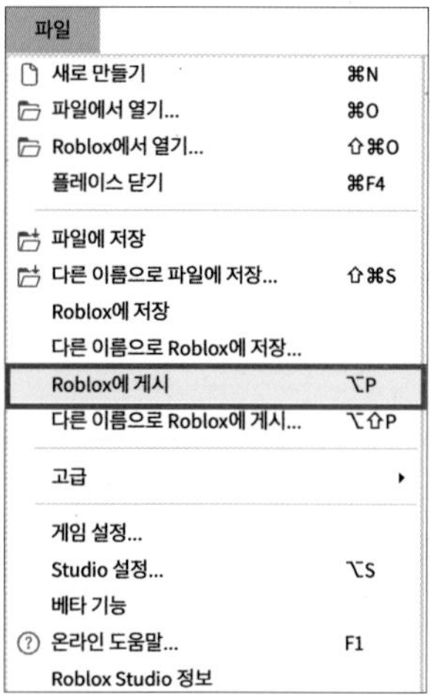

그림 6.12 | 로블록스에 게임 게시하기

게임을 게시한 후 [탐색기] 창에서 ImageLabel을 선택합니다. [속성] 창에서 [이미지(Image)]→[Image]의 ❶ 오른쪽 영역을 클릭하면 컴퓨터에 있는 그림을 업로드할 수 있는 창이 나타납니다. 팝업 창의 ❷ [+이미지 추가] 버튼을 클릭합니다.

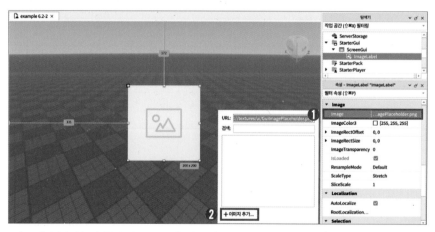

그림 6.13 | 이미지 레이블에 이미지를 추가하기 위해 [속성] 창의 [이미지(Image)]→[Image]를 클릭한 후 [이미지 추가] 버튼을 누른다.

그러면 다음과 같이 이미지를 업로드할 수 있는 창이 나타나는데, ❸ [파일 선택]을 클릭해 자신의 컴퓨터에서 업로드할 이미지를 선택한 후 ❹ [만들기]를 클릭합니다.

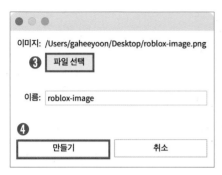

그림 6.14 | 이미지 업로드 창에서 원하는 이미지를 불러온 후 [만들기]를 클릭하면 레이블에 이미지가 적용된다.

다음 그림처럼 자신이 선택한 이미지가 이미지 레이블에 적용된다면 제대로 된 것입니다.

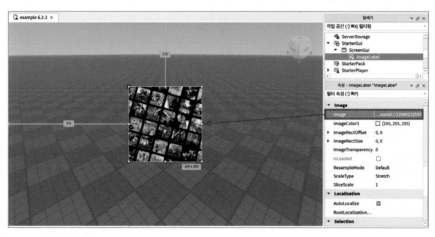

그림 6.15 | 이미지가 적용된 이미지 레이블

이렇게 해서 텍스트 버튼과 이미지 레이블 만드는 방법을 살펴봤습니다.

다음 절에서는 지금까지 배운 Gui 활용법을 응용해 Gui로 상점(Shop)을 만들어 볼 텐데요. 이때 프레임(Frame) Gui를 활용합니다. 프레임은 텍스트 버튼 등을 눌렀을 때 나타나는 창으로 많이 씁니다. 프레임 역시 [속성] 창에서 여러 속성을 조정하여 꾸밀 수 있습니다.

✖ **완성 파일** : 예제 6.3.rbxl

이번 절에서는 지금까지 배운 방법을 활용하여 Gui로 상점을 만들어보겠습니다. 먼저 [탐색기] 창과
[속성] 창을 열고 앞에서 설명한 대로 [탐색기] 창의 [StarterGui]→[ScreenGui] 옆의 +를 클릭합
니다. 거기서 먼저 텍스트 버튼(TextButton)을 하나 불러옵니다.

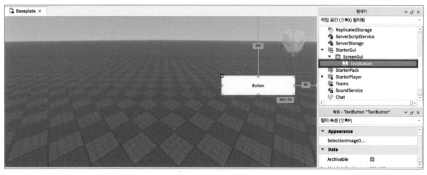

그림 6.16 | 상점을 만들기 위한 텍스트 버튼 불러오기

그러면 작업 화면에 텍스트 버튼이 생성됩니다. 먼저 텍스트 버튼을 원하는 위치로 옮기고 [속성] 창
의 ❶ [텍스트(Text)]→[Text]로 가서 기본 텍스트를 지우고 'Shop'이라고 입력해줍니다. 그리고 텍스
트 크기를 버튼 크기에 맞게 키워주기 위해 ❷ [텍스트(Text)]→[TextScaled]의 체크박스에 체크해줍
니다.

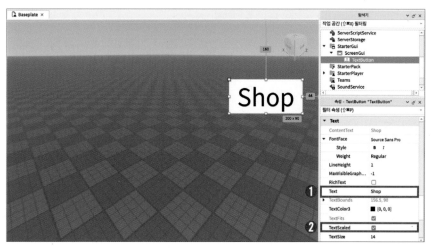

그림 6.17 | 텍스트 버튼 위의 텍스트를 수정하고 텍스트 크기가 버튼 크기에 맞춰지게 설정한다.

글자 크기가 화면 크기에 비해 다소 크다는 느낌이 들 것입니다. 이 경우에는 [속성] 창의 [데이터 (Data)]→[Size]로 가서 X Scale, X Offset은 0.1, 60으로 설정하고, Y Scale, Y Offset은 0.1, 10 으로 설정합니다.

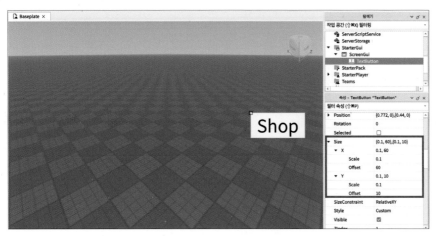

그림 6.18 | 화면 크기에 맞게 버튼 크기가 조정되게 [데이터(Data)]→[Size] 속성을 설정한다.

버튼의 색상이나 테두리선, 버튼 위에 표시되는 폰트 타입도 속성 창의 다양한 속성 값을 변경하여 바꿀 수 있습니다. 이것은 각자 취향에 맞게 해보기 바랍니다.

이제 다시 [탐색기] 창의 [StarterGui]→[ScreenGui] 옆의 + 기호를 클릭해 프레임(Frame)을 불러옵니다. 여기서는 추후 스크립트를 작성할 때 알아보기 쉽게 프레임 이름을 한 번 클릭해 프레임 이름을 'Frame01'로 수정하겠습니다. 이 프레임은 앞에서 만든 [Shop] 버튼을 누르면 뜨는 창이 될 것입니다.

그림 6.19 | [Shop] 버튼을 눌렀을 때 팝업 될 프레임 만들기

프레임 역시 텍스트 버튼의 크기 설정 방식과 마찬가지로, 스크린 크기에 맞게 크기가 조정되게 [속성] 창의 [데이터(Data)]→[Size]로 가서 X Scale, X Offset은 0.6, 0으로, Y Scale, Y Offset은 0.4, 0으로 설정합니다.

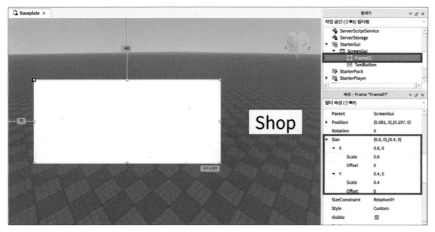

그림 6.20 | 프레임의 크기가 화면 크기에 맞게 조정되게 [Size] 속성 설정

그리고 [속성] 창의 여러 속성을 이용해 프레임의 배경색과 테두리 등을 원하는 대로 바꿔줍니다.

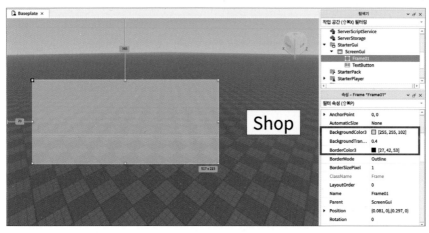

그림 6.21 | [속성] 창의 [데이터(Data)] 아래 여러 속성을 바꿔 프레임 내부 디자인을 바꿀 수 있다.

그러면 이제 프레임 내부를 꾸며 보겠습니다. [탐색기] 창의 [StarterGui]→[ScreenGui]→[Frame01] 옆의 + 기호를 클릭해 필요한 컴포넌트를 불러옵니다. 여기서는 텍스트 버튼(TextButton)을 가져와 아이템을 구매하는 버튼(Buy)을 만들어 보겠습니다.

그림 6.22 | 프레임 내부에 들어갈 컴포넌트는 [Frame01] 옆의 + 기호를 눌러 추가한다.

[TextButton]을 선택하면 프레임 안쪽에 'Button'이라는 텍스트가 있는 버튼이 하나 나타납니다. [속성] 창의 [텍스트(Text)]→[Text]에서 버튼 위 글자를 'Buy'로 바꿔주고, 이 버튼도 스크린 크기에 맞춰 크기가 조정되게 [텍스트(Text)]→[TextScaled]에 체크 표시를 해줍니다.

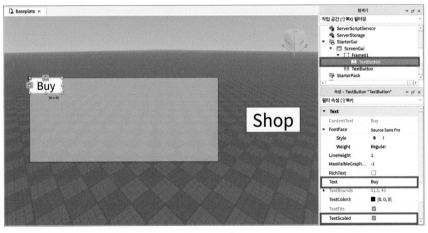

그림 6.23 | 프레임 내부의 텍스트 버튼에 표시되는 글자를 바꾸고, 글자 크기가 버튼 크기에 맞게 조절되게 설정하기

스크린 크기에 맞게 버튼 크기가 조정되게 [속성] 창의 [데이터(Data)]→[Size]로 가서 X Scale, X Offset은 0.1, 10으로, Y Scale, Y Offset은 0.1, 10으로 설정합니다.

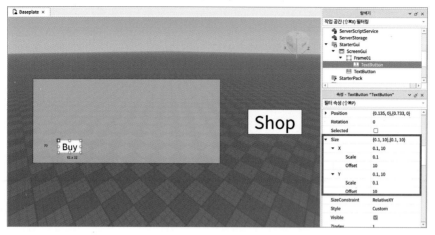

그림 6.24 | 버튼의 크기가 화면 크기에 맞게 조정되게 [Size] 속성 설정

다음으로, 프레임에 이미지를 넣어보겠습니다. [탐색기] 창의 [StarterGui]→[ScreenGui]→[Frame01] 옆의 + 기호를 클릭해 이미지 레이블(ImageLabel)을 추가합니다.

그림 6.25 | 프레임 내부에 들어갈 컴포넌트는 [Frame01] 옆의 + 기호를 눌러 추가한다.

이 컴포넌트도 다른 컴포넌트처럼 Size 부분을 설정해 스크린 크기에 맞춰 이미지 레이블의 크기가 조정되게 합니다. [속성] 창의 [데이터(Data)]→[Size]로 가서 X Scale, X Offset은 0.3, 0으로, Y Scale, Y Offset은 0.6, 0으로 설정합니다.

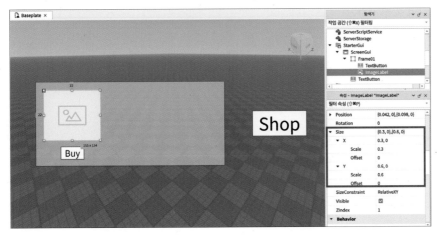

그림 6.26 | 이미지 레이블을 불러오고 [Size] 속성 설정하기

그다음, 이미지 레이블에 들어갈 이미지를 업로드해야 하는데, 그러기 위해서는 먼저 만들고 있는 게임을 로블록스에 게시해야 합니다. 게임을 로블록스에 게시하는 방법은 앞에서도 여러 번 설명했듯이, 화면 위쪽 메뉴에서 [파일]→[Roblox에 게시]를 클릭하면 됩니다.

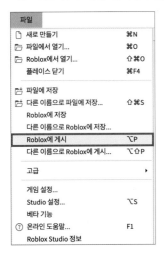

그림 6.27 | 로블록스에 게임 게시하기

게임을 게시한 후 [속성] 창의 [이미지(Image)]→[Image]의 오른쪽 칸을 클릭하면 이미지를 업로드할 수 있는 창이 나타납니다. 팝업 창 하단의 [+ 이미지 추가]를 클릭하고 새로 뜨는 창의 [파일 선택]을 클릭해 원하는 이미지 파일을 선택합니다. 그러고 나서 [만들기] 버튼을 누르면 선택한 이미지가 이미지 레이블에 삽입된 것을 확인할 수 있습니다.

그림 6.28 | 이미지를 추가해 이미지 레이블에 이미지 삽입

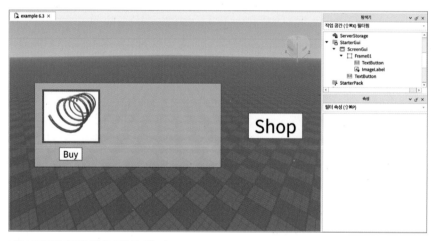

그림 6.29 | 이미지 레이블에 이미지를 추가한 모습

이때, 선택한 사진의 배경을 투명하게 만들고 싶다면 [속성] 창의 [데이터(Data)]→[Background Transparency] 값을 1로 바꿔줍니다. 이미지는 이런 식으로 얼마든지 넣을 수 있습니다.

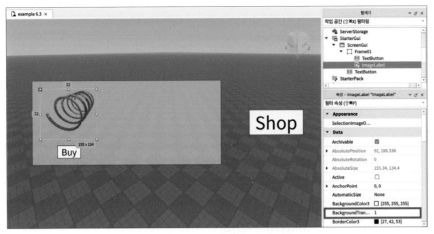

그림 6.30 | [BackgroundTransparency] 값을 1로 설정해 이미지 배경을 투명하게 조정한 모습

이번에는 아이템의 가격을 표시해보겠습니다. [탐색기] 창의 [StarterGui]→[ScreenGui]→[Frame01]로 가서 + 기호를 눌러 프레임 안에 텍스트 레이블(TextLabel)을 하나 추가합니다.

그림 6.31 | 프레임에 가격을 표시할 TextLabel 추가

그 속성의 [텍스트(Text)]→[Text]의 값으로 해당 아이템의 가격을 표시해주겠습니다. 여기서는 1500원으로 설정하겠습니다. 이 텍스트 레이블에도 스크린 크기에 따라 레이블의 크기가 조정되게 Size의 오프셋과 스케일 설정을 해줍니다.

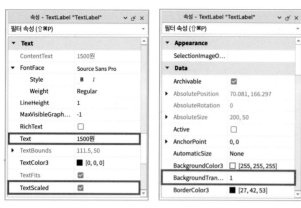

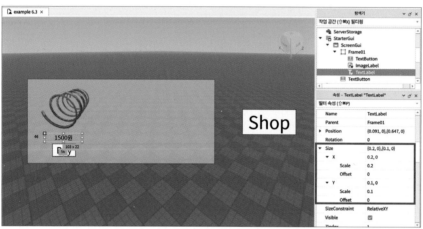

그림 6.32 | 구매 창에 텍스트 레이블로 아이템의 가격을 표시하고 텍스트 크기가 자동 조정되게 설정한다.

여기까지 마쳤다면, 다시 앞에서 만든 'shop' 버튼으로 돌아가 shop 버튼을 한 번 누르면 구매 창이 뜨고, 다시 한 번 더 누르면 구매 창이 사라지게 만들어 보겠습니다.

먼저 화면에서 ❶ 'Shop' 버튼을 클릭한 후, [탐색기] 창의 [StarterGui]→[ScreenGui]→[TextButton]으로 가서 ❷ + 기호를 클릭해 [Script]를 추가합니다.

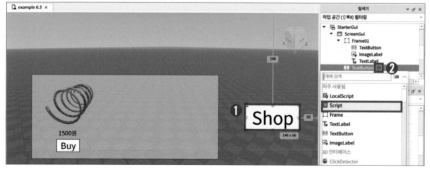

그림 6.33 | [Shop] 버튼에 스크립트 추가하기

열린 스크립트 창에 다음 스크립트를 입력합니다.

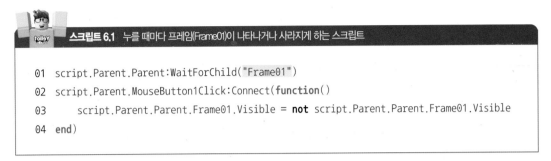

스크립트 6.1 누를 때마다 프레임(Frame01)이 나타나거나 사라지게 하는 스크립트

```
01   script.Parent.Parent:WaitForChild("Frame01")
02   script.Parent.MouseButton1Click:Connect(function()
03       script.Parent.Parent.Frame01.Visible = not script.Parent.Parent.Frame01.Visible
04   end)
```

이렇게 하고 나서 프레임을 선택한 후 [속성] 창의 [데이터(Data)]→[Visible]의 체크 표시를 해제하면 프레임이 화면에서 사라집니다.

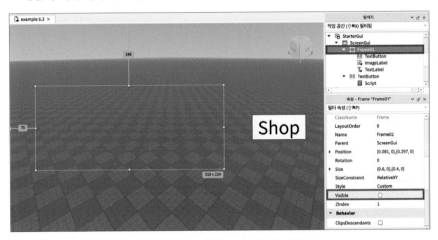

그림 6.34 | [Shop] 버튼의 작동 여부를 확인하기 위해 프레임의 [Visible] 속성을 체크 해제한다.

이제 플레이 버튼을 누르고 화면 위의 [Shop] 버튼을 누르면 누를 때마다 앞에서 만든 프레임 창이 나타나거나 사라지는 것을 확인할 수 있습니다.

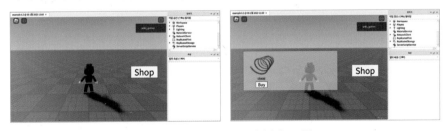

그림 6.35 | [플레이]를 누르고 [Shop] 버튼을 누르면 나타났다가 다시 누르면 사라지는 프레임

여기까지 확인했다면, 이제 플레이 [중지] 버튼을 눌러 만들기 화면으로 돌아옵니다. 이번에는 프레임 안의 [Buy] 버튼에 스크립트를 넣어보겠습니다. 그러기 위해 먼저 작업 중인 프레임을 선택한 후 [속성] 창의 [데이터(Data)]→[Visible]에 다시 체크 표시를 해서 화면에 보이게 해줍니다. 여기서는 [Buy] 버튼을 누르면 앞에서 이미지로 삽입한 중력 코일을 구매할 수 있는 페이지로 이동하게 만들어보겠습니다.

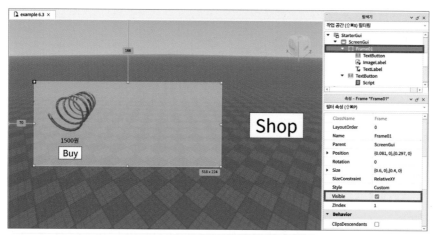

그림 6.36 | 프레임을 선택한 후 [속성] 창의 [데이터(Data)]→[Visible]에 다시 체크 표시

[Buy] 버튼을 만들기 전에 준비해야 할 것이 있습니다. 바로 리더보드입니다. 리더보드는 플레이어의 각종 재화, 스테이지, 레벨 등 다양한 정보를 한눈에 쉽게 볼 수 있게 해주며, 정보를 저장하고 업데이트합니다. 기본적으로 게임 화면의 오른쪽 위 자신의 닉네임 옆에 표시됩니다.

그림 6.37 | 리더보드 예시

여기서는 아이템 구매를 위해 'Money'라는 값으로 리더보드를 만들어 보고 코인으로 그 Money를 모아 정해진 가격으로 아이템을 살 수 있게 만들어 보겠습니다.

리더보드 시스템은 기본적으로 게임에 내장되어 있지만, 다음과 같은 스크립트로 게임에서 리더보드에 들어갈 내용을 추가해야 플레이어에게 보여줄 수 있습니다. 이번에 다루는 Money 값 외에도 Kill, Level 등을 추가할 수 있습니다. 다만, 추가하려는 항목에 따라 스크립트는 달라집니다.

그럼 [Workspace] 옆의 + 기호를 눌러 [Script]를 불러온 후, 스크립트 창의 기존 내용을 삭제하고 다음 스크립트를 입력합니다.

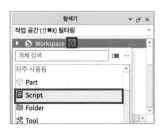

그림 6.38 | [Workspace] 옆의 + 기호를 눌러 스크립트 추가

스크립트 6.2 리더보드에 Money라는 값을 추가하는 스크립트

```
01  function onPlayerEntered(newPlayer)
02
03      local stats = Instance.new("IntValue")
04      stats.Name = "leaderstats"
05
06      local money = Instance.new("IntValue")
07      money.Name = "Money"   ← 따옴표 안에 리더보드에 표시할 이름을 적으세요.
08      money.Value = 3000
09
10      money.Parent = stats
11      stats.Parent = newPlayer
12  end
13
14  game.Players.ChildAdded:connect(onPlayerEntered)
```

스크립트를 작성하고 게임을 플레이해보면 리더보드에 Money가 추가된 모습을 확인할 수 있습니다.

그림 6.39 | 리더보드에 추가된 Money

이제 앞에서 만든 구매 버튼을 눌러 점프 코일을 구매하면 실제로 점프 코일을 가져오는 기능을 구현해 보겠습니다. 작업 창으로 돌아와 ❶ [도구 상자]에서 [모델]을 선택한 후 'coil'을 검색합니다. 검색 결과에서 ❷ 원하는 코일을 선택하면 팝업 창이 하나 뜨는데, ❸ [아니요]를 클릭하면 화면에 코일이 하나 나타납니다.

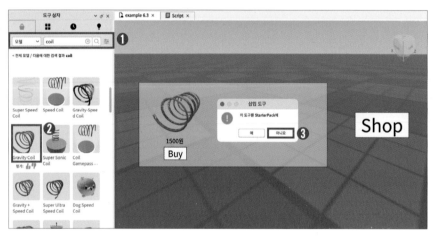

그림 6.40 | Buy 버튼을 눌렀을 때 구매 페이지로 연결하기 위해 화면에 코일 불러오기

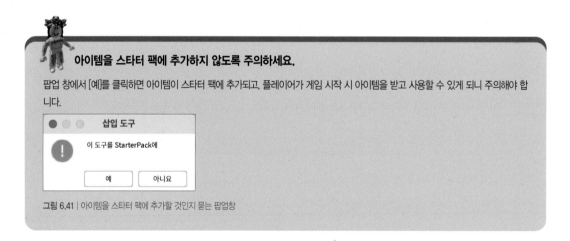

아이템을 스타터 팩에 추가하지 않도록 주의하세요.

팝업 창에서 [예]를 클릭하면 아이템이 스타터 팩에 추가되고, 플레이어가 게임 시작 시 아이템을 받고 사용할 수 있게 되니 주의해야 합니다.

그림 6.41 | 아이템을 스타터 팩에 추가할 것인지 묻는 팝업창

해당 코일을 선택하면 [탐색기] 창에 코일 이름이 선택되는데, 그것을 마우스로 끌어서 [ReplicatedStorage] 아래로 가져다 놓습니다.

그림 6.42 | 모델에서 선택한 아이템을 [ReplicatedStorage] 아래로 이동한다.

그다음 [ReplicatedStorage] 옆의 + 기호를 눌러 [RemoteEvent]를 불러옵니다. 그러고 나서 RemoteEvent의 이름을 'GiveGui'로 바꿔줍니다.

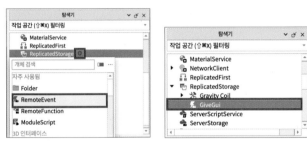

그림 6.43 | RemoteEvent를 불러와 이름을 바꿔준다.

그다음, [ReplicatedStorage] 바로 아래 [ServerScriptService]가 있는데, 그 옆의 + 기호를 눌러 [Script]를 불러옵니다. [ServerScriptService]는 게임의 진행 상태 저장, 점수 관리, 아이템 구매, 블록 생성 같은 모든 유저가 공유해야 하는 로블록스의 전체 규칙을 담당합니다.

주제에서 벗어나지만, 잠시 서버 스크립트와 로컬 스크립트(local script)에 대해 간단하게 설명하겠습니다. 쉽게 말해 서버 스크립트가 서버 전체를 관리한다면, 로컬 스크립트는 개인 플레이어에게만 적용되는 스크립트라고 보면 됩니다. 특정 인원을 정해서 적용할 수 있으며, 개인별로 적용하기 때문에 서버 스크립트보다 반응 속도도 빠른 편입니다.

그림 6.44 | [ServerScriptService]에도 스크립트를 추가한다.

기존 스크립트는 지우고 거기에 다음 스크립트를 입력합니다.

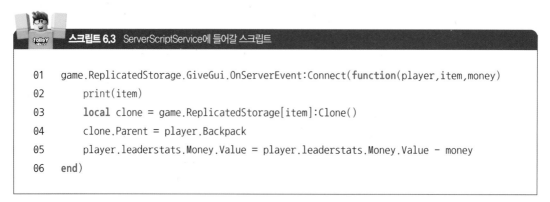

스크립트 6.3 ServerScriptService에 들어갈 스크립트

```
01  game.ReplicatedStorage.GiveGui.OnServerEvent:Connect(function(player,item,money)
02      print(item)
03      local clone = game.ReplicatedStorage[item]:Clone()
04      clone.Parent = player.Backpack
05      player.leaderstats.Money.Value = player.leaderstats.Money.Value - money
06  end)
```

마지막으로 Buy 버튼을 누르면 아이템을 구매할 수 있게 Buy 버튼에 대한 스크립트를 넣어보겠습니다. [StarterGui]→[ScreenGui]→[Frame01]→[TextButton] 옆의 + 기호를 클릭해 [LocalScript]를 불러옵니다. 스크립트 창이 열리면, 기존 스크립트는 지우고 다음 스크립트를 입력합니다.

그림 6.45 | Buy 버튼에 스크립트 추가하기

스크립트 6.4 Buy 버튼에 들어가는 로컬 스크립트

```
01  price = 1500
02
03  item = "Gravity Coil"  ← 앞에서 넣은 아이템 이름을 넣어주세요.
04
05  script.Parent.MouseButton1Click:Connect(function(player)
06      if game.Players.LocalPlayer.leaderstats.Money.Value >= price then
07          game.ReplicatedStorage.GiveGui:FireServer(item,price)
08          script.Parent.Parent.Parent.Click:Play()
09      end
10  end)
```

스크립트를 입력했으면 스크립트 창은 닫고, 이제 [플레이]를 눌러 각 버튼이 제대로 실행되는지 확인해 봅시다. 그 전에 Frame01을 선택해 [데이터(Data)]→[Visible] 속성의 체크 표시를 없애 [플레이] 버튼을 눌렀을 때 프레임이 바로 뜨지 않게 설정합니다.

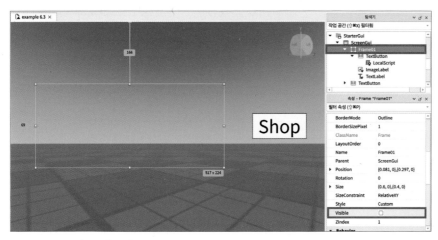

그림 6.46 | 프레임의 [Visible] 속성을 체크 해제

이제 게임을 플레이해서 ❶ [Shop] 버튼을 누르면 구매 창이 뜨고, 그 안의 ❷ [Buy] 버튼을 클릭했을 때 리더보드의 ❸ 코인이 아이템 가격만큼 줄면서 ❹ 구매한 아이템이 게임 플레이 화면 중앙 아래에 생성되는 것을 확인할 수 있을 것입니다.

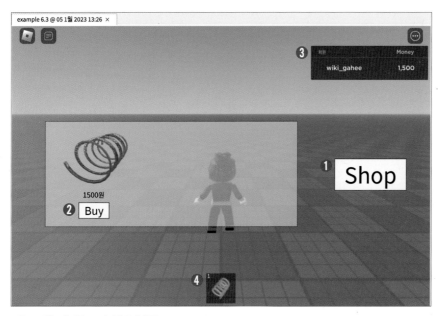

그림 6.47 | [Buy] 버튼으로 아이템 구매 성공!

이렇게 해서 로블록스 게임에서 화면에 [Shop] 버튼을 넣고, 버튼을 눌렀을 때 아이템 구매 창이 뜨면서 실제로 아이템을 구매할 수 있는 기능까지 구현했습니다. 여기서 설명한 방법을 반복적으로 활용하면 상점(Shop)에 다양한 아이템 구매 옵션을 넣을 수 있으니 활용해 보기 바랍니다.

마지막으로 한 가지 더, 먹을 수 있는 코인 모델을 받아서 활용하는 방법을 소개하고 이 단원을 마무리하겠습니다. 저자가 만든 먹으면 돈이 생기는 코인은 다음 주소에서 다운로드 받을 수 있습니다.

- https://www.roblox.com/library/6040843751/Gold-Coin

  단축 주소: https://url.kr/oasbyg

그림 6.48 | 돈이 생기는 코인 다운로드 화면

위 주소로 들어간 후 [획득]→[지금 획득]을 누르면 해당 아이템이 다운로드 되면서 내 인벤토리에 들어갑니다. 다운로드 받은 아이템은 로블록스 스튜디오에서 [도구 상자]의 [인벤토리] 탭을 클릭하면 확인할 수 있습니다.

그림 6.49 | 다운로드 받은 아이템을 확인할 수 있는 [도구 상자]→[인벤토리] 탭

인벤토리의 코인을 불러온 다음, 코인을 선택한 상태로 [탐색기] 창의 [Workspace]→[Part(코인 이름)]를 더블 클릭합니다. 그러면 그 아래로 몇 가지 스크립트가 보이는데, 그중 [코인 메인 스크립트]에서 코인을 먹었을 때 얻게 되는 돈의 크기와 리더보드 이름(Money)을 자신에게 맞게 바꿀 수 있습니다.

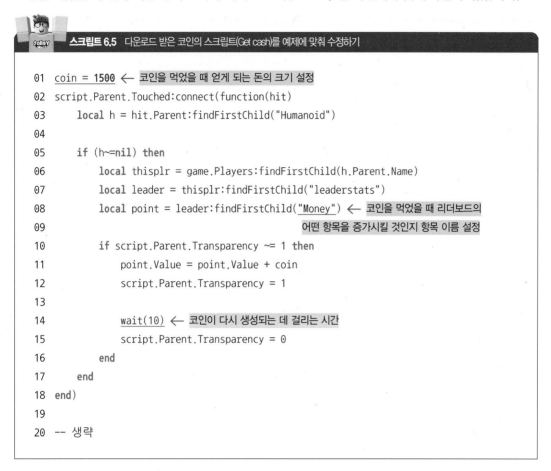

스크립트 6.5 다운로드 받은 코인의 스크립트(Get cash)를 예제에 맞춰 수정하기

```
01  coin = 1500  ← 코인을 먹었을 때 얻게 되는 돈의 크기 설정
02  script.Parent.Touched:connect(function(hit)
03      local h = hit.Parent:findFirstChild("Humanoid")
04
05      if (h~=nil) then
06          local thisplr = game.Players:findFirstChild(h.Parent.Name)
07          local leader = thisplr:findFirstChild("leaderstats")
08          local point = leader:findFirstChild("Money")  ← 코인을 먹었을 때 리더보드의
09                                                          어떤 항목을 증가시킬 것인지 항목 이름 설정
10          if script.Parent.Transparency ~= 1 then
11              point.Value = point.Value + coin
12              script.Parent.Transparency = 1
13
14              wait(10)  ← 코인이 다시 생성되는 데 걸리는 시간
15              script.Parent.Transparency = 0
16          end
17      end
18  end)
19
20  -- 생략
```

여기까지 완료했다면, [플레이] 버튼을 눌러 지금까지 작업한 것이 제대로 적용되었는지 확인해 봅니다. 우선 플레이 화면 오른쪽 위에 리더보드가 있고, 플레이어가 동전을 먹었을 때 캐시 포인트가 설정한 만큼 올라가야 합니다.

[동전을 먹기 전]

[동전을 먹고 난 후]

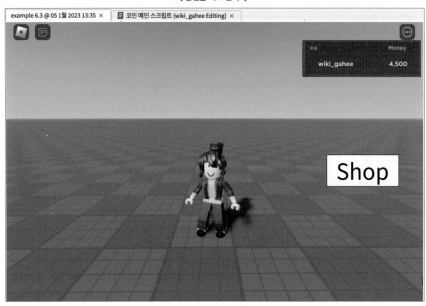

그림 6.50 | 플레이어가 동전을 먹기 전과 후의 점수 변화

이렇게 해서 게임에 재미를 더하는 동전 아이템을 다운로드하여 게임에 적용하는 방법까지 알아봤습니다.

④ 파트에 이미지 넣기

✖ 완성 파일 : 예제 6.4-1.rbxl

이번에는 간단하게 파트에 이미지를 넣는 법을 살펴보겠습니다. 파트에 이미지를 넣는 방법은 여러 가지가 있는데, 그중 3가지를 설명하겠습니다. 한 가지 방법은 준비한 이미지가 없는 경우 도구 상자에서 이미지를 검색해서 넣는 것이고, 다른 두 가지 방법은 준비한 이미지를 넣는 방법입니다.

먼저 도구 상자에서 이미지를 검색해서 파트에 넣는 방법을 알아보겠습니다. 이미지를 넣을 파트를 하나 불러옵니다. 그다음, [도구 상자]로 가서 카테고리에서 [이미지]를 선택한 후 검색하고자 하는 이미지를 입력합니다. 예를 들어 'yellow'라고 입력하여 검색하면 다양한 yellow 관련 이미지가 검색됩니다. 검색 결과에서 넣고 싶은 이미지를 선택한 후 그 이미지를 넣고자 하는 파트로 드래그 앤 드 드롭하면, 해당 파트에 바로 그 이미지가 적용됩니다.

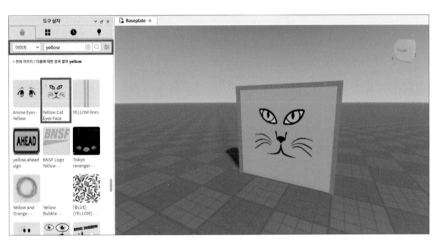

그림 6.51 | 파트에 이미지를 넣은 모습

이때 넣은 이미지를 삭제하고 싶다면, 이미지를 넣은 파트를 더블 클릭합니다. 그러면 [탐색기] 창에서 해당 파트 아래에 들어간 ❶ 이미지 이름이 선택되는데, 그 상태로 백스페이스 키나 Delete 키를 누르면 파트에 적용된 이미지를 삭제할 수 있습니다.

그림 6.52 | 파트 아래의 이미지 이름을 선택하고 백 스페이스나 Delete 키를 눌러 삭제한다.

다음으로, 자신이 가지고 있는 이미지를 파트에 적용하는 방법을 알아보겠습니다. 이미지 적용 방법이 두 가지인데, 두 가지 모두 연습해 보고 자신에게 편한 방법을 이용하면 됩니다.

그 첫 번째 방법은 [탐색기] 창에서 [Workspace]→[Part] 옆의 + 기호를 눌러 [Decal]을 불러와 구현할 수 있습니다.

그림 6.53 | 파트 옆의 + 기호를 눌러 [Decal]을 추가

여기서 한 가지 주의할 점은 다른 이미지 업로드 방식과 마찬가지로, 이번에도 게임을 먼저 게시해야 이미지를 업로드할 수 있다는 점입니다. [파일]→[Roblox에 게시]를 눌러 게임을 먼저 게시합니다.

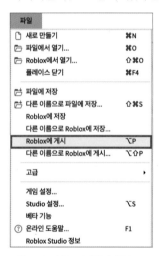

그림 6.54 | 로블록스에 게임 게시하기

[탐색기] 창의 [Decal]을 선택하면 해당 파트가 선택되어 표시되는데, 그 상태로 [속성] 창의 [모양 (Appearance)]→[Texture]로 가서 원하는 파일을 추가합니다.

그림 6.55 | [Part]→[Decal]의 속성 창으로 이동해 이미지를 추가한다.

[+ 이미지 추가] 버튼을 누르면 이미지를 업로드할 수 있는 팝업 창이 나타납니다. [파일 선택]에서 원하는 이미지를 선택한 후 [만들기] 버튼을 누르면 선택된 파트의 한 면이 이미지로 채워지는 것을 확인할 수 있습니다.

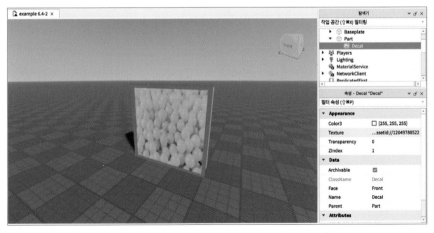

그림 6.56 | 파트의 선택된 면이 업로드한 이미지로 채워진 모습

두 번째 방법은 조금 더 복잡합니다. 우선 이미지를 적용하고자 하는 파트를 선택한 후 [탐색기] 창의 해당 파트 옆의 + 기호를 클릭하여 [SurfaceGui]를 불러옵니다. 그다음, 다시 [SurfaceGui] 옆의 + 기호를 눌러 [ImageLabel]을 불러옵니다.

그림 6.57 | 파트에 나만의 이미지를 넣는 두 번째 방법

그러면 파트의 한 면에 이미지 레이블이 들어가는데, 우선 알아보기 쉽게 그 면을 크게 만들어줍니다. 레이블 이미지가 파트에 꽉 차게 만들기 위해 먼저 삽입한 이미지 레이블을 선택한 상태로 [속성] 창으로 이동해 [데이터(Data)]→[Size]로 가서 값을 {1,0},{1,0}으로 바꿔줍니다. 그러면 이미지가 파트 한 면에 꽉 채워지는 것을 확인할 수 있습니다.

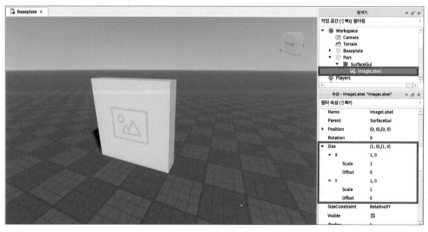

그림 6.58 | 이미지 레이블이 파트의 한 면을 꽉 채울 수 있게 [데이터(Data)]→[Size] 속성 값을 변경한다.

이제 이미지만 삽입하면 되는데, 이미지 레이블을 선택한 상태로 [속성] 창으로 이동해 [데이터 (Data)]→[Image]의 값에 원하는 파일을 업로드하면 됩니다. 여기서 해당 칸을 클릭했을 때 아무 일도 일어나지 않는다면, 먼저 게임을 로블록스에 게시한 후 다시 시도해보세요. 그러면 앞에서 여러 번 봤듯이, 게임을 업로드할 수 있는 [+ 이미지 추가] 버튼이 나타나고 여기서 자신이 원하는 이미지 파일을 업로드할 수 있습니다.

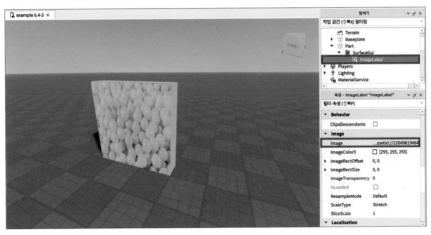

그림 6.59 | 이미지 레이블의 [이미지(Image)]→[Image] 속성을 이용해 원하는 이미지를 업로드한다.

이 두 방법의 가장 큰 차이는 첫 번째 Decal을 이용한 방법은 파트의 한 면에 여러 개의 이미지를 넣을 수 없지만, 두 번째 이미지 레이블을 이용한 방법은 레이블의 크기를 적당히 조절하여 파트의 한 면에 여러 개의 이미지를 넣을 수 있다는 점입니다.

✵ **완성 파일** : 예제 6.4-4.rbxl

그럼, 두 번째 방법으로 파트의 한 면에 이미지 두 개를 넣어보겠습니다. 우선 [탐색기] 창의 [Workspace]→[Part]→[SurfaceGui] 옆의 + 기호를 클릭하여 이미지 레이블(ImageLabel)을 하나 더 불러옵니다. 즉, 이 예제에서는 이미지 레이블 두 개가 필요합니다.

그림 6.60 | SurfaceGui에 이미지 레이블(ImageLabel)을 하나 더 추가

그런 다음, 앞에서 작업한 이미지 레이블과 새로 불러온 이미지 레이블의 Size를 {0.5,0},{1,0}로 수정하고, 위치를 각자 파트의 크기에 맞게 [데이터(Data)]→[Position] 속성에서 조정합니다.

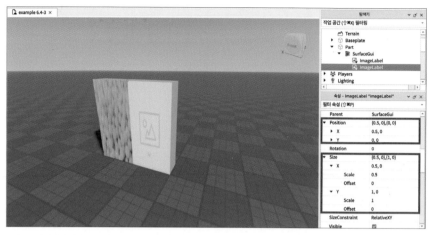

그림 6.61 | 이미지 레이블 두 개를 불러와 나란히 배치한 모습

그리고 나서 새로 불러온 이미지 레이블에도 앞에서와 같은 방법으로 이미지를 업로드하면 파트의 한 면에 옆으로 나란히 2개의 이미지가 들어가게 됩니다.

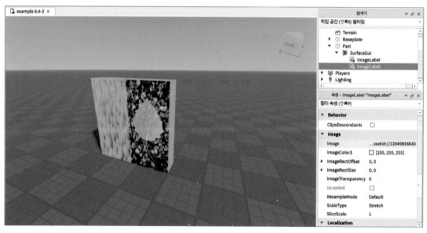

그림 6.62 | 두 개의 이미지 레이블에 이미지를 삽입한 모습

⑤ 파트에 동영상 넣기

✂ 완성 파일 : 예제 6.5.rbxl

이번에는 파트에 동영상을 넣는 방법을 알아보겠습니다. 동영상의 경우 내가 갖고 있는 동영상을 추가할 수는 없고(추후 기능 추가 예정) 로블록스 라이브러리에 있는 동영상을 활용해 추가할 수 있습니다.

먼저 로블록스 크리에이터 대시보드로 이동한 다음 상단 메뉴에서 [마켓플레이스]를 선택해 마켓플레이스 페이지로 이동합니다.

- 로블록스 크리에이터 대시보드: https://create.roblox.com/

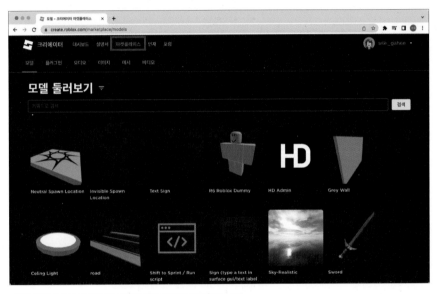

그림 6.63 | 로블록스 크리에이터 대시보드에서 [마켓플레이스] 메뉴 선택

상단의 [비디오] 탭을 선택하면 로블록스에서 제공하는 다양한 비디오를 볼 수 있습니다.

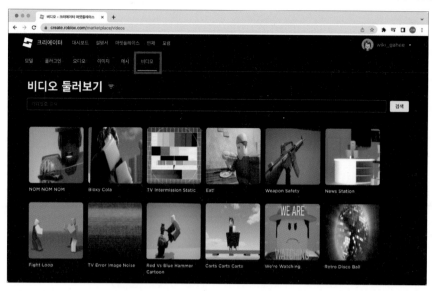

그림 6.64 | 마켓플레이스에서 제공하는 여러 비디오

그러면 다양한 비디오가 뜨는데, 그중 자신이 파트에 넣고자 하는 비디오를 선택합니다. 비디오 상세 페이지에서 파란색의 [비디오 획득] 버튼을 누르면 "아이템이 인벤토리에 추가되었습니다."라는 메시지와 함께 파란색 버튼의 이름이 [STUDIO에서 사용]으로 변경됩니다.

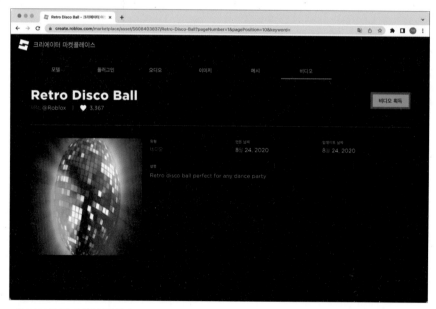

그림 6.65 | 선택한 비디오를 획득한다.

여기까지 하고 나서 로블록스 스튜디오로 들어갑니다. 파트를 하나 만든 후 파트의 크기를 비디오가 들어가기에 적당한 크기로 조절해줍니다. 그다음, [탐색기] 창에서 해당 파트 옆의 + 기호를 눌러 [SurfaceGui]를 불러옵니다.

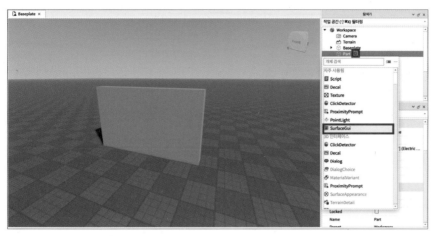

그림 6.66 | 파트를 하나 만들고 파트 옆의 + 기호를 눌러 [SurfaceGui]를 추가

이제 [도구 상자]로 가서 두 번째 탭의 [인벤토리]로 이동한 후 [내 비디오]를 선택합니다. 그러면 앞에서 획득한 비디오가 나타납니다.

그림 6.67 | [도구 상자]에서 인벤토리의 비디오를 선택한다.

비디오를 선택하고 나서 [탐색기] 창의 해당 파트 아래를 보면 클릭한 비디오의 이름이 들어가 있는 것을 확인할 수 있는데, 그것을 마우스로 [SurfaceGui] 아래로 끌어다 놓아주세요.

그림 6.68 | [탐색기] 창에서 비디오 이름을 [SurfaceGui] 아래로 끌어다 놓는다.

그다음, [탐색기] 창에서 비디오 이름을 클릭한 상태로 [속성] 창으로 이동합니다. [비디오(Video)] →[Playing]에 체크 표시가 돼 있는지 확인하고, 되어 있지 않다면 체크 표시를 해줍니다. 비디오가 계속 반복해서 재생되게 하고 싶다면 [Playing] 바로 위의 [Looped]에도 체크 표시를 해줍니다.

그림 6.69 | [플레이]를 눌렀을 때 비디오가 반복 재생되게 [Playing]과 [Looped] 속성에 체크한다.

여기까지 설정한 다음 [플레이] 버튼을 눌러보면 파트에서 비디오가 문제없이 재생되는 것을 확인할 수 있습니다.

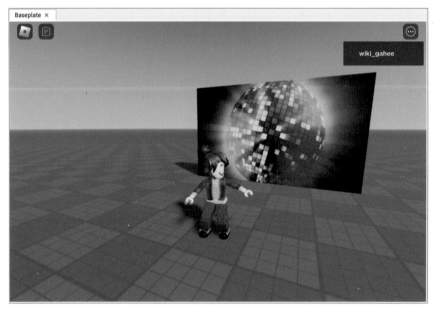

그림 6.70 | [플레이] 버튼을 눌렀을 때 재생되는 비디오

다시 한 번 말씀드리지만, 아직까지는 자신이 갖고 있는 비디오를 넣을 수는 없고 로블록스에서 제공하는 비디오만 넣을 수 있습니다.

이번 장에서는 로블록스 게임에 GUI를 활용하는 다양한 방법을 알아보고, 관련하여 간단한 예제를 몇 가지 실습해 봤습니다. 이 장에서 배운 GUI 활용 방법을 활용하면 게임을 좀 더 생동감 있고 보기 좋게 만들 수 있습니다. 가벼운 마음으로 쉬운 것부터 하나씩 자신의 게임에 적용해 보기 바랍니다.

7장

게임
출시하기

이번 장에서는 지금까지 만든 로블록스 게임을 출시하는 방법을
상세히 알아보고, 출시한 게임을 광고하는 방법을 살펴봅니다.

앞에서 소개한 여러 가지 방법을 이용해 멋진 로블록스 게임을 만들었다면 이제 게임을 출시해야 합니다. 이번 장에서는 게임을 출시하는 방법을 상세하게 알아보겠습니다.

① 게임 업로드 방법

로블록스 스튜디오에서 게임을 만들고 나면 게임을 업로드해야 합니다. 게임을 업로드한다는 것은 게임을 게시한다는 것과 같은 말입니다. 이 책을 처음부터 읽었다면 앞에서 게임 게시하기를 여러 번 해봤을 것입니다. 로블록스 스튜디오에서 [파일]→[Roblox에 게시]를 선택하면 [게임 게시] 창이 나타납니다.

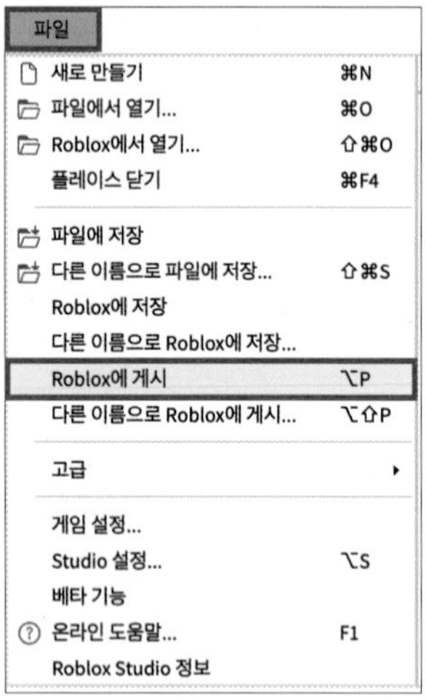

그림 7.1 | 로블록스에 게임 게시하기

그림 7.2와 같은 [게임 게시] 창이 나타나는데, 설정 항목을 살펴보면 게임의 ❶ 이름과 ❷ 설명을 입력할 수 있는 란이 있고, ❸ 크리에이터에서는 게임 제작자를 누구로 할 것인지를 선택할 수 있습니다. 자기 자신이나 자신이 속한 그룹을 선택할 수 있게 돼 있습니다. ❹ 장르에서는 게임의 장르를 선택해 주면 됩니다. ❺ 기기에서는 자신이 만든 게임을 어느 기기에서 플레이할 수 있게 할 것인지를 선택합니다. 게임을 여러 명이 함께 만드는 경우 ❻ [팀 제작] 버튼을 활성화해줍니다. 각 항목에 대한 설정을 마치고 나면 ❼ [만들기] 버튼을 클릭합니다.

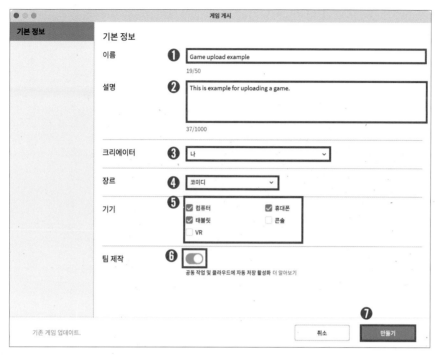

그림 7.2 | 게임 게시를 위한 팝업 창

[만들기]를 누르고 난 후 팝업 창 가운데 다음과 같이 '게시 성공!'이라는 메시지가 나타나면 성공한 것입니다. [닫기] 버튼을 눌러 창을 닫아주세요.

그림 7.3 | 게임 게시에 성공했을 때 나타나는 창

이제 로블록스 크리에이터 대시보드로 가면 방금 저장한 게임이 있는 것을 확인할 수 있습니다. 또한, 게임 이름을 선택하면 해당 게임의 상세 페이지로 이동할 수 있습니다.

- 로블록스 크리에이터 대시보드: https://create.roblox.com/

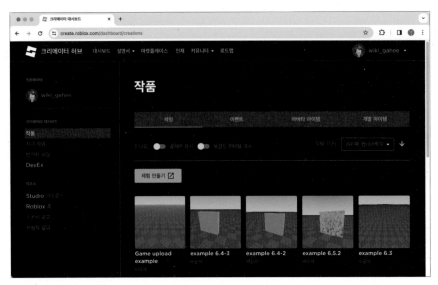

그림 7.4 | 로블록스 크리에이터 대시보드에서 내가 게시한 게임을 확인할 수 있다.

때에 따라 게임을 게시한 후 게임의 제목을 바꾸거나 공개/비공개 설정을 바꿔야 할 때가 있는데, 그때는 설정을 변경하고자 하는 게임을 클릭한 후 왼쪽 메뉴에서 [콘텐츠 설정]을 선택합니다. (왼쪽 메뉴가 보이지 않을 때는 왼쪽 상단에 있는 아이콘(▤)을 클릭합니다.)

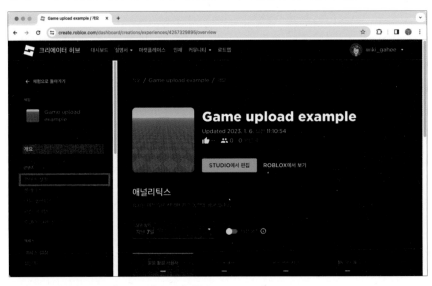

그림 7.5 | 게임 설정을 바꾸려면 [콘텐츠 설정] 메뉴를 클릭한다.

그러면 게임에 대한 설정을 바꿀 수 있는 페이지가 열립니다. 이 페이지에서 게임의 ❶ 이름과 ❷ 설명을 변경할 수 있으며, ❸ 개인정보 처리방침에서 게임의 공개 여부를 설정할 수 있습니다. 게임을 모두에게 공개하려면 개인정보 처리방침을 '공개'로 선택합니다. 설정을 마친 후에는 ❹ [변경 사항 저장] 버튼을 눌러 변경 사항을 저장해줍니다.

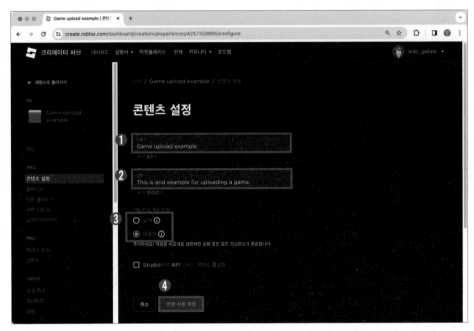

그림 7.6 | 게임 설정 창의 콘텐츠 설정

커뮤니티 메뉴 중 [업데이트]는 해당 게임을 즐겨찾기 해놓은 사용자에게 게임이 업데이트됐을 때 알림 메시지를 보낼 수 있는 메뉴입니다. 단, 이 메시지는 3일에 한 번만 보낼 수 있으니 참고하여 활용하세요.

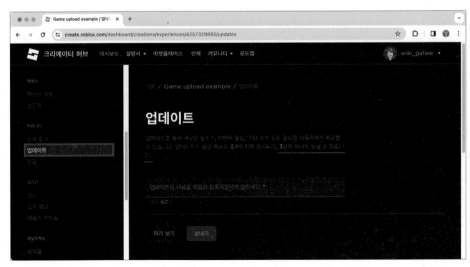

그림 7.7 | 커뮤니티의 업데이트 메뉴

이번에는 콘텐츠 메뉴 중 두 번째에 있는 ❶ [플레이스]를 클릭하고, ❷ [시작 플레이스]가 표시된 플레이스를 클릭해 보겠습니다.

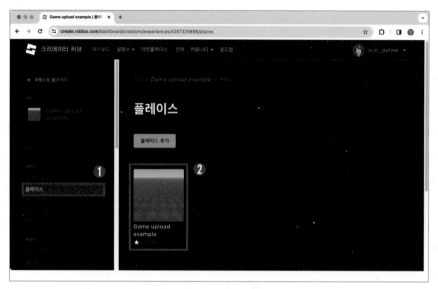

그림 7.8 | 시작 플레이스 설정을 바꾸려면 시작 플레이스가 표시된 플레이스를 클릭한다.

그러면 [기본 설정] 화면이 나타나는데, 여기서도 게임의 이름과 설명 등을 수정할 수 있습니다.

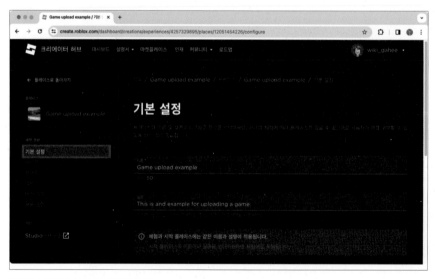

그림 7.9 | 플레이스 설정 페이지의 다양한 메뉴

[아이콘]에서는 게임 아이콘 이미지를 업로드할 수 있습니다. [변경] 버튼을 눌러 컴퓨터에 저장된 이미지를 선택하고 [변경 사항 저장] 버튼을 눌러 업로드한 사항을 저장합니다.

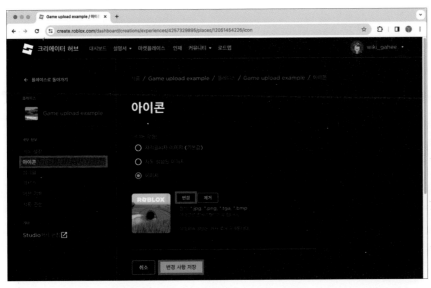

그림 7.10 | 게임을 대표하는 아이콘을 설정할 수 있는 [아이콘] 메뉴

이때 아이콘으로 사용할 이미지의 크기는 최소 512×512픽셀이어야 합니다. 되도록 고품질 해상도의 이미지를 사용하면 좋습니다. 또한 이미지의 모양은 정사각형이 좋습니다. 그래야 아이콘에 빈 공간 없이 꽉 차게 표시됩니다.

[아이콘] 메뉴 바로 아래를 보면 [섬네일] 메뉴가 있습니다. 여기서는 로블록스 홈페이지에서 게임을 선택했을 때 표시되는 게임 상세 페이지 왼쪽 상단에 들어가는 이미지를 업로드할 수 있습니다. 이 섬네일에는 이미지 대신 동영상을 넣을 수도 있습니다. 하지만 동영상을 넣을 경우 500로벅스를 지불해야 합니다.

그림 7.11 | 로블록스 홈페이지에 표시될 내 게임의 섬네일 이미지를 바꿀 수 있다.

[액세스] 메뉴에서는 게임 접속과 관련된 다양한 설정을 할 수 있습니다. 그중 ❶ [최대 방문자 수]에서는 몇 명이 동시에 게임에 참여할 수 있는지 설정할 수 있습니다. 필요한 사항을 모두 설정한 후에는 항상 ❷ [변경 사항 저장] 버튼을 눌러 설정 사항을 저장하세요.

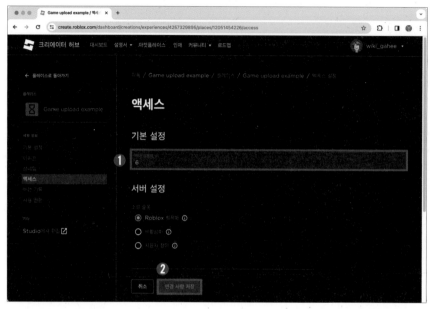

그림 7.12 | [액세스] 메뉴 페이지

[버전 기록] 메뉴에서는 그동안 게임을 업데이트한 이력을 확인할 수 있습니다. 업로드한 게임에 혹시 문제가 생겨 이전 버전으로 돌아가고 싶은 경우 이 메뉴를 활용하면 됩니다. 방법은 간단합니다. 게임 업데이트 날짜 등을 확인하여 원하는 버전 오른쪽의 [복원] 버튼을 클릭하면 됩니다.

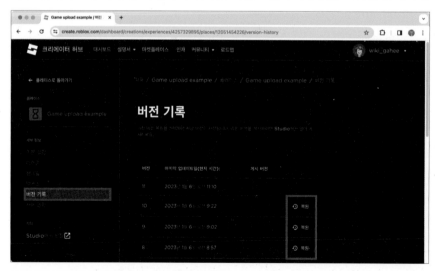

그림 7.13 | 게임 버전을 변경/확인할 수 있는 [버전 기록] 페이지

플레이스 설정 페이지를 나오려면 왼쪽 메뉴에서 [← 플레이스로 돌아가기]를 선택합니다. 이 밖에도 작품 상세 페이지에는 사용자가 구매할 수 있는 로벅스 상품을 추가하고 수정할 수 있는 [관련 아이템], 게임 내 텍스트를 다양한 언어로 설정할 수 있는 [로컬라이제이션], 사용자가 게임에 접속하기 위해 지불해야 하는 로벅스를 설정할 수 있는 [액세스 설정], 설문지 작성을 통해 체험 가이드라인을 생성할 수 있는 [설문지], 사용자들의 팔로우를 유도할 수 있는 [소셜 링크], 광고를 설정할 수 있는 [광고] 등 다양한 메뉴가 있습니다.

② 게임 업데이트 및 업데이트 되돌리기

로블록스 스튜디오로 게임을 만들다 보면 자연스럽게 게임을 업데이트하거나 업데이트했다가 다시 예전으로 되돌려야 하는 상황이 생깁니다. 이때 게임을 업데이트하고, 이미 업데이트한 게임을 예전 버전으로 되돌리는 방법을 알아보겠습니다.

◉ 게임 업데이트하기

게임을 업데이트한다는 것은 이미 게임이 업로드(게시)되어 있다는 의미입니다. 기존 게임에 보완한 내용이 있다면 그것을 적용해서 업데이트하는 것입니다.

게임 업데이트 방법은 간단합니다. 로블록스 스튜디오에서 상단의 [파일]→[Roblox에 게시]를 누르면 됩니다. 이때 별다른 팝업 창이 뜨지 않으면 게임이 제대로 업데이트된 것으로 보면 되지만, 때때로 업데이트되지 않는 경우도 있으니 제대로 업데이트가 적용되었는지 꼭 확인하기 바랍니다.

◉ 업데이트 되돌리기

이번에는 만들던 게임을 실수로 업데이트했거나 만들기 권한이 있는 사람이 게임을 고의로 테러했을 경우 게임을 이전 버전으로 되돌리는 방법을 알아보겠습니다. 당연한 이야기지만, 게임을 저장하지 않거나 게임을 업데이트하지 않았을 때는 이전 버전으로 되돌릴 수가 없습니다. 업데이트하지도 않은 게임을 이전으로 되돌릴 수는 없을 테니까요. 이렇게 저장하거나 업데이트하지 않은 경우를 제외하면 지금부터 설명하는 방법으로 게임의 업데이트를 되돌릴 수 있습니다.

우선 기존에 만든 게임을 방금 업데이트했다고 가정하겠습니다. 그런데 업데이트 과정에서 기존에 만든 맵이 사라져 이전 버전으로 되돌리고 싶다고 합시다. 이때는 로블록스 스튜디오가 아닌 로블록스 홈페이지에서 작업해야 합니다. 업데이트를 되돌리는 방법은 사실 앞에서 이미 만들어진 게임의 설정을 바꾸는 부분에서 잠깐 언급했습니다. 그럼 다시 한 번 알아볼까요?

로블록스 크리에이터 대시보드에서 업데이트 되돌리기를 원하는 게임의 이름을 클릭해 해당 게임의 상세 페이지로 이동합니다.

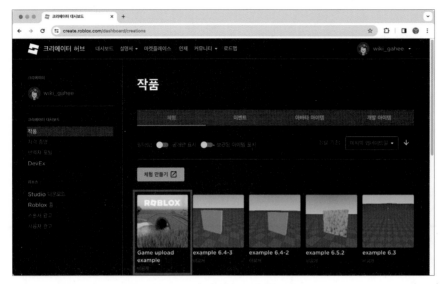

그림 7.14 | 로블록스 크리에이터 대시보드에서 업데이트 되돌리기를 원하는 게임을 클릭한다.

그다음 왼쪽에 있는 세부 정보에서 [플레이스]를 선택하고, [시작 플레이스]가 표시된 플레이스를 클릭합니다.

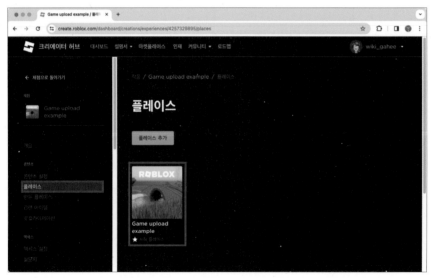

그림 7.15 | 플레이스에서 시작 플레이스를 클릭한다.

그러면 [기본 설정] 페이지가 열립니다. 페이지 왼쪽 메뉴 중 [버전 기록]을 선택하면 해당 게임의 업데이트 이력이 표시됩니다. 여러 버전 중에 자신이 원하는 시점의 버전을 선택해서 오른쪽의 [복원] 버튼을 클릭합니다. 이어서 버전을 복원할 것인지 묻는 팝업창에서 [복원] 버튼을 누르면 게임이 선택한 버전으로 다시 업데이트됩니다.

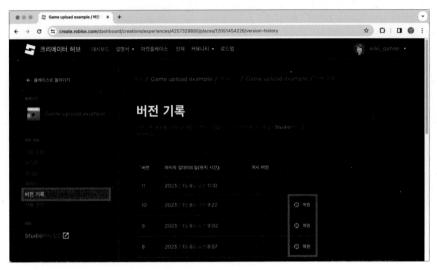

그림 7.16 | 버전 기록에서 원하는 버전을 선택하면 게임을 예전 버전으로 간단히 되돌릴 수 있다.

게임 버전이 제대로 변경되었는지 확인하려면 왼쪽 메뉴에서 [Studio에서 편집]을 선택합니다. 그러면 로블록스 스튜디오가 열리고, 게임이 예전 버전으로 되돌아가 있는 것을 확인할 수 있습니다.

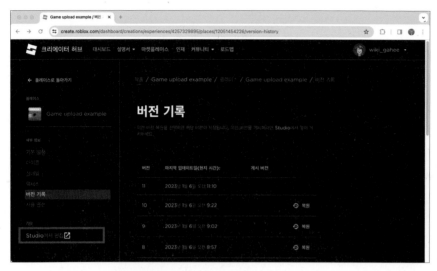

그림 7.17 | 버전이 제대로 적용됐는지 확인하기 위한 [Studio에서 편집] 버튼

③ 게임 광고하기

로블록스 홈페이지를 보면 창을 열 때마다 새로운 광고가 보입니다. 이번 절에서는 자신의 게임을 이 광고에 노출되게 해보겠습니다.

로블록스에서 광고는 총 3가지 종류를 선택할 수 있습니다. 첫 번째는 [배너] 광고입니다. 배너 광고는 다음과 같이 가로로 표시되는 광고를 말합니다. 배너 광고는 주로 로블록스 홈페이지에서 게임의 상세 페이지에 들어가면 페이지 상단에 가로로 넓게 표시됩니다.

그림 7.18 | 배너 광고의 예

두 번째는 [고층 건물] 광고입니다. 이 광고는 보다시피 세로로 길쭉한 광고 유형을 말합니다. 고층 건물 광고는 로블록스 홈페이지 혹은 게임 상세 페이지 양쪽에 길게 표시됩니다.

그림 7.19 | 고층 건물 광고의 예

그리고 마지막으로 [직사각형] 광고가 있습니다. 이 광고는 직사각형 모양으로 광고가 표시됩니다. 이 직사각형 광고는 주로 로블록스에서 사용자의 프로필에 들어갔을 때 하단에 표시되는 경우가 많습니다.

그림 7.20 | 직사각형 광고의 예

자신의 게임을 광고하기 위해서는 당연한 이야기지만 먼저 게임을 로블록스에 업로드(게시)해야 합니다. 그런 다음, 로블록스 홈페이지로 가서 [만들기]를 클릭하여 크리에이터 허브(Creator Hub) 페이지로 이동합니다. 화면 중앙에서 자신이 만든 모든 게임을 확인할 수 있는데, 광고하기를 원하는 게임을 클릭합니다. 그러면 그림 7.21과 같은 화면으로 이동합니다. 왼쪽의 메뉴 목록에서 [광고] → [광고] 메뉴를 찾아 클릭합니다.

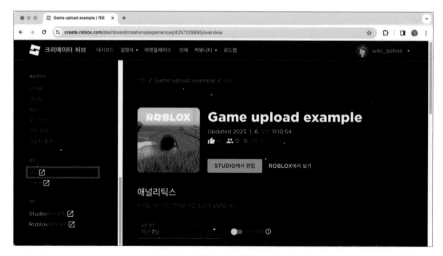

그림 7.21 | 광고하고자 하는 게임의 상세 페이지로 들어가 [광고] → [광고]를 클릭한다.

그러면 [사용자 광고 만들기] 페이지가 열립니다. 먼저 세 가지 광고 유형 중 어떤 것으로 광고를 할지 선택해야 합니다.

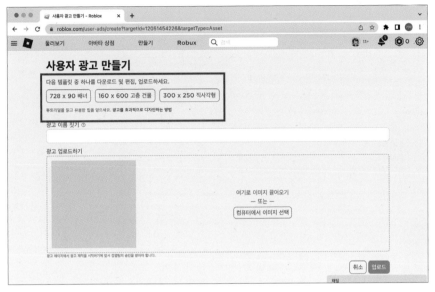

그림 7.22 | [사용자 광고 만들기] 페이지

보다시피 페이지 상단에서 광고 유형의 명칭과 유형에 따라 필요한 이미지 크기를 보여줍니다. 각 유형의 버튼을 클릭해 보면 다음과 같이 광고가 어떻게 보일지 그 모양과 크기를 표시해줘 바로 이해할 수 있게 되어 있습니다.

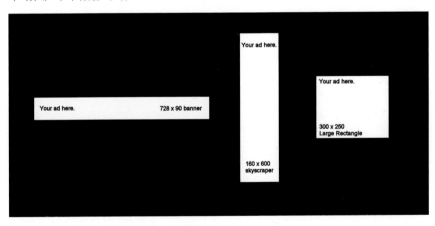

그림 7.23 | 각 광고 유형을 직관적으로 이해할 수 있게 보여준다.

그럼 광고 유형 하나를 ❶ 선택해서 광고를 올려보겠습니다. 우선 선택한 광고의 크기에 맞는 이미지를 제작한 후 ❷ [광고 이름 짓기]에 적당한 광고 이름을 입력합니다. 그다음, ❸ [컴퓨터에서 이미지 선택]을 클릭하여 제작한 광고 이미지를 넣어줍니다. 이때 이미지 파일의 형식은 *.png가 좋으며, 이미지를 선택한 후에 ❹ [업로드]를 클릭합니다.

그림 7.24 | 광고 업로드 방법과 순서

업로드가 끝나면 [User Ads] 페이지가 표시되고, 방금 설정한 광고를 목록에서 확인할 수 있습니다. 이때 광고 오른쪽의 설정 아이콘을 눌러 [Run Ad(광고 실행하기)]를 선택합니다.

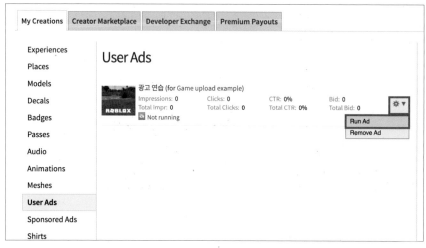

그림 7.25 | 광고 실행하기

그러면 광고 비용으로 얼마나 사용할지를 입력하는 창이 나타나는데, 이때 입력하는 로벅스만큼 광고가 노출됩니다. 대략 여기서 입력한 로벅스×100회만큼 광고가 노출된다고 생각하면 됩니다.

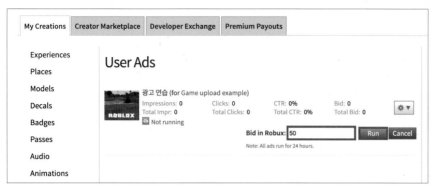

그림 7.26 | 광고에 사용할 로벅스 설정하기

로벅스를 입력한 후 [Run] 버튼을 누르고 확인 메시지에서 파란색의 확인 버튼을 두 번 클릭해주면 광고 집행이 시작됩니다.

광고를 집행한 후 광고 효과가 어느 정도인지 확인하고 싶다면 [My Creations]→[User Ads]로 가서 광고 효과를 확인하고자 하는 광고의 상세 내용을 확인합니다. 다음 광고의 경우 광고 비용으로 644 로벅스를 지불했고, 그에 따른 노출 수(Total Impr)와 실제 노출 수(Impression)를 확인할 수 있습니다. 그리고 사용자가 그 광고를 실제로 클릭한 횟수(Clicks)와 노출에 따른 클릭율(CTR)도 확인할 수 있습니다.

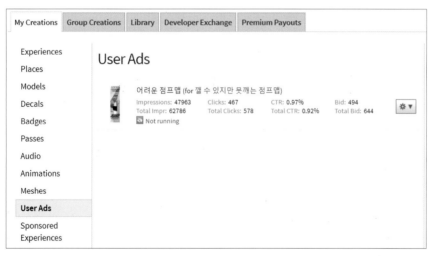

그림 7.27 | 광고 게시 후 광고 효과를 확인할 수 있다.

이번 장에서는 로블록스 스튜디오에서 만든 게임을 업로드하고, 업로드 후에 변경 사항이나 보완 사항이 있을 경우 업데이트하는 방법, 그리고 업데이트를 되돌리는 방법을 알아봤습니다. 그리고 출시한 게임을 로블록스 홈페이지에서 광고하는 방법도 알아봤습니다.

앞에서도 언급했듯이, 로블록스는 누구나 쉽게 게임을 직접 만들 수 있고 그것을 잘 활용한다면 재미와 더불어 수익도 올릴 수 있습니다. 마지막 8장에서는 로블록스로 수익을 올리는 방법을 몇 가지 알아보겠습니다.

8장

게임 제작으로
수익 올리기

이번 장에서는 로블록스에서 수익을 올릴 수 있는 다양한 방법을 소개합니다. 아이템 판매, 후원 버튼, 티셔츠 판매로 수익을 올려보세요.

로블록스는 재미와 더불어 누구나 쉽게 로블록스 스튜디오를 이용해 자기만의 게임을 만들고 출시할 수 있다는 장점이 있습니다. 게다가 자신이 만든 게임을 잘 활용하면 수익도 올릴 수 있는데요. 이번 장에서는 로블록스에서 수익을 올릴 수 있는 몇 가지 방법을 소개합니다.

① 아이템 판매하기

✂ **완성 파일** : 예제 8-1.rbxl

로블록스에서 수익을 올리는 첫 번째 방법은 아이템을 판매하는 것입니다. 아이템 판매로 수익을 올리려면 아이템 판매 시스템을 만들어야 합니다. 이 시스템은 게임 제작자가 패스를 만들고 플레이어들이 그 패스를 사서 사용하는 구조입니다. 패스를 사면 플레이어가 그 패스 안에서 아이템을 구매할 수 있게 됩니다. 플레이어가 패스를 살 때 지불하는 로벅스는 로블록스에서 30%의 수수료를 떼고 개발자에게 70%를 지급합니다.

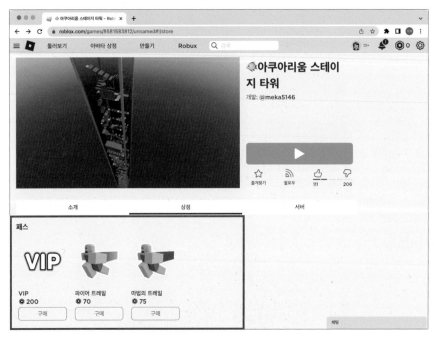

그림 8.1 | 다양한 패스 @meka5146

그럼 패스를 만들어보겠습니다. 먼저 게임을 로블록스에 게시합니다. 게임을 게시하는 방법은 앞에서 여러 번 설명했으니 여기서는 생략하겠습니다.

로블록스 게임을 게시한 후에는 로블록스 크리에이터 대시보드에서 패스를 만들고자 하는 게임의 이름을 클릭해 해당 게임의 상세 페이지로 이동합니다. 그다음 왼쪽에 있는 콘텐츠에서 [관련 아이템]을 선택하고, [패스] 탭을 선택한 다음 [패스 만들기] 버튼을 클릭합니다.

그림 8.2 | 관련 아이템의 [패스] 탭에서 [패스 만들기] 클릭

그러면 다음 그림과 같은 [패스 만들기] 상세 페이지가 나타납니다. 여기서 패스에 사용할 이미지와 패스 이름 및 설명 등을 입력합니다. 패스에 사용할 이미지는 미리 만들어둬야 합니다. 이미지가 준비되면 [이미지 업로드] 버튼을 눌러 패스 이미지를 업로드합니다. 나머지 사항도 적당히 입력한 후 [패스 만들기]를 클릭합니다.

그림 8.3 | 패스에 관한 상세사항을 입력하는 페이지

그러면 [패스] 탭 아래쪽에 방금 만든 패스가 생성돼 있는 것을 확인할 수 있습니다.

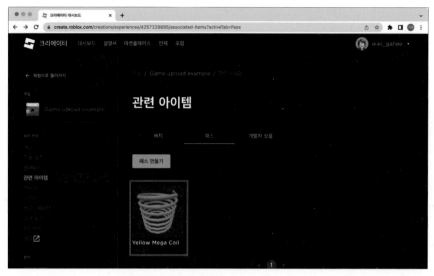

그림 8.4 | 업로드 완료 후에 [패스] 탭에서 업로드한 패스를 확인할 수 있다.

이미 생성한 패스의 이미지나 이름, 설명 등 상세사항을 확인 또는 변경하고자 하는 경우에는 패스 이름을 클릭합니다. 그러면 [기본 설정] 페이지가 열리는데, 여기서 패스의 상세사항을 확인하거나 수정할 수 있습니다.

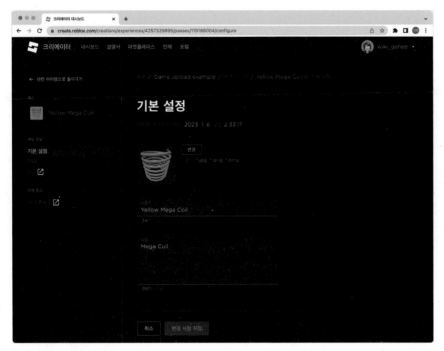

그림 8.5 | 패스 [일반] 상세 페이지

그리고 [기본 설정] 페이지 왼쪽 메뉴에서 ❶ [판매]를 클릭하면 패스의 판매 여부를 설정할 수 있습니다. 판매 아이템 ❷ 토글 버튼을 [ON]으로 설정하고 ❸ 패스의 가격을 정해 입력합니다. 이때 패스의 가격은 다른 게임의 가격을 조사해 보고 적당히 비슷한 수준으로 결정하는 게 좋습니다. 가격 입력 칸 아래에 작은 글씨를 보면, 개발자 수익이 판매가격의 70%라고 표시되어 있습니다. 가령 패스의 가격이 300로벅스라면 패스 하나를 판매하면 210로벅스가 개발자에게 지급되는 것입니다. 모든 사항을 설정하고 나면 ❹ [변경 사항 저장]을 눌러 설정한 사항이 적용되게 합니다.

그림 8.6 | 패스 [판매] 상세 페이지

패스를 만들어 가격을 정하고 판매하기로 설정했으니 이제 로블록스 스튜디오로 돌아가 플레이어가 이 패스를 구매할 수 있게 컴포넌트를 만들어 넣어보겠습니다. 그러기 위해서 먼저 그림 8.7의 [패스 설정] 페이지가 열린 상태에서 주소창 뒤쪽의 숫자로 된 부분을 복사해둡니다(passes 뒤에 있는 숫자를 복사합니다).

- https://create.roblox.com/creations/experiences/5244447389/passes/**640717814**/sales

그림 8.7 | 패스 컴포넌트를 만들기 위해 패스 아이디 복사하기

그리고 나서 로블록스 스튜디오 화면으로 돌아와 자신이 판매할 아이템을 불러옵니다. 아이템은 앞에서도 설명했듯이 [보기] 메뉴에서 ❶ [도구 상자]를 열고 [모델]을 선택한 후 원하는 아이템을 검색하여 불러올 수 있습니다. ❷ 검색한 아이템 중 패스에 넣을 것을 정하여 선택합니다. 그러면 화면 중앙에 해당 아이템을 스타터 팩에 넣을 것인지 묻는 팝업창이 뜨는데, ❸ [아니요]를 클릭해서 없애줍니다.

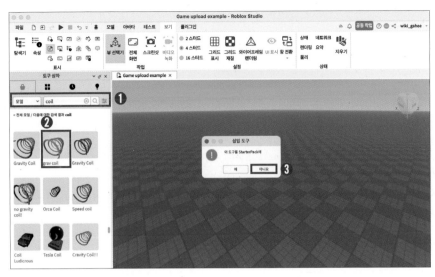

그림 8.8 | 패스 아이템 선택하기

이때 [탐색기]→[Workspace]를 보면 선택한 아이템 이름이 있을 것입니다. 여기서는 'YellowMega Coil'을 선택했습니다. 그것을 마우스로 드래그해서 [탐색기]→[ReplicatedStorage] 아래로 옮겨 놓습니다.

그림 8.9 | 선택한 아이템을 [ReplicatedStorage] 아래로 드래그해 이동한다.

여기까지 했다면, 이제 스크립트를 하나 작성해 보겠습니다. [탐색기] 창의 [ServerScriptService] 옆의 + 기호를 눌러 [Script]를 열어줍니다.

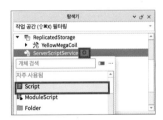

그림 8.10 | ServerScriptService에 스크립트 생성

스크립트 창의 기존 내용은 삭제하고 다음 스크립트를 입력합니다.

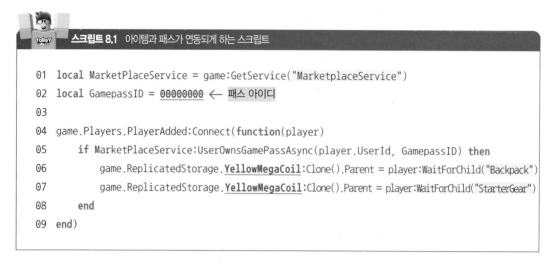

스크립트 8.1 아이템과 패스가 연동되게 하는 스크립트

```
01  local MarketPlaceService = game:GetService("MarketplaceService")
02  local GamepassID = 00000000 ← 패스 아이디
03
04  game.Players.PlayerAdded:Connect(function(player)
05      if MarketPlaceService:UserOwnsGamePassAsync(player.UserId, GamepassID) then
06          game.ReplicatedStorage.YellowMegaCoil:Clone().Parent = player:WaitForChild("Backpack")
07          game.ReplicatedStorage.YellowMegaCoil:Clone().Parent = player:WaitForChild("StarterGear")
08      end
09  end)
```

스크립트 둘째 줄의 **GamepassID** 값에는 앞에서 주소창에서 복사한 숫잣값을 넣어줍니다. 그리고 **if** 문 안의 굵게 표시된 부분에는 [탐색기] 창의 [ReplicatedStorage] 아래에 있는 선택 아이템의 이름을 그대로 넣어주면 됩니다. 여기서는 **YellowMegaCoil**을 넣어줍니다. 다시 한 번 강조하지만, 로블록스 스튜디오에서 스크립트를 입력할 때는 영문 대소문자를 정확하게 구분하여 입력해야 합니다. 그렇지 않을 경우 스크립트 오류가 발생합니다.

이제 스크립트 창을 닫고 게임 제작 화면으로 돌아와 [플레이]를 눌러 테스트해보면 플레이어에 아이템이 적용된 모습을 확인할 수 있습니다. 게임과 패스를 만든 제작자는 패스를 구매하지 않아도 이미 보유하고 있어 아이템이 자동으로 적용되기 때문에 바로 테스트할 수 있습니다.

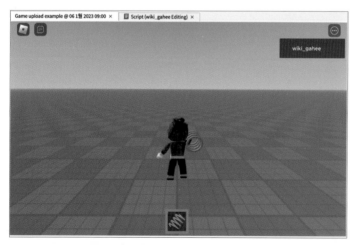

그림 8.11 | 스크립트를 넣고 테스트해 보면 플레이어가 아이템을 갖고 있는 것을 확인할 수 있다.

이렇게 해서 패스 만들기를 완료했습니다. 자신이 만든 패스를 확인하려면 로블록스 크리에이터 대시보드에서 패스를 만든 게임의 이름을 클릭해 해당 게임의 상세 페이지로 이동합니다. 그다음 [개요] 페이지에서 [ROBLOX에서 보기] 버튼을 클릭합니다.

그림 8.12 | 게임 상세 페이지에서 [ROBLOX에서 보기] 버튼 클릭

게임 이미지 아래의 [상점] 탭을 클릭하면 자신이 만든 패스가 있습니다.

그림 8.13 | [상점]에 생성된 패스

사용자가 패스를 구매할 때도 같은 경로로 들어가면 됩니다. 게임의 상세 페이지로 들어가 중간의 [상점] 탭으로 이동해 패스를 구매할 수 있습니다. 이렇게 사용자가 패스를 구매하면 사용자는 게임을 플레이하면서 해당 패스를 사용할 수 있고 게임 제작자는 로벅스를 벌 수 있습니다.

로블록스에서 수익을 올리는 두 번째 방법은 팁(후원) 버튼을 만들어 활용하는 것입니다. 한마디로 사용자들에게서 후원금을 받는 것이라고 생각하면 됩니다. 이번 절에서는 로블록스 스튜디오에서 팁 버튼 만드는 법을 알아보겠습니다.

먼저 팁 버튼이 무엇인지 살펴볼까요? 다음 게임 화면을 보면 왼쪽에 [후원] 버튼이 있습니다. 사용자가 이 버튼을 누르면 게임 제작자에게 팁을 줄 수 있는 창이 나타납니다.

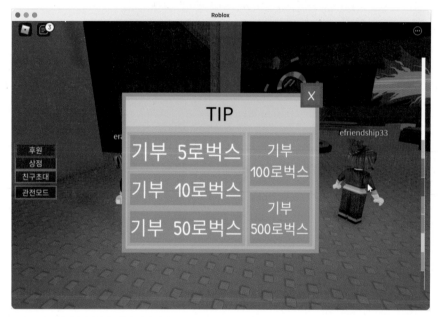

그림 8.14 | 게임 화면에서의 팁 버튼과 팁 창 예시

그럼 한 번 만들어볼까요? 먼저 로블록스 스튜디오에서 팁 버튼을 넣고자 하는 게임을 비공개로 업로드합니다. 게임 업로드(게시) 방법은 앞에서도 여러 번 설명했으니 여기서는 생략하겠습니다.

로블록스 크리에이터 대시보드에서 팁 버튼을 넣고자 하는 게임의 이름을 클릭해 상세 페이지로 이동합니다. 그다음 왼쪽에 있는 콘텐츠에서 [관련 아이템]을 선택하고, [개발자 상품] 탭을 선택한 다음 [개발자 상품 만들기] 버튼을 클릭합니다.

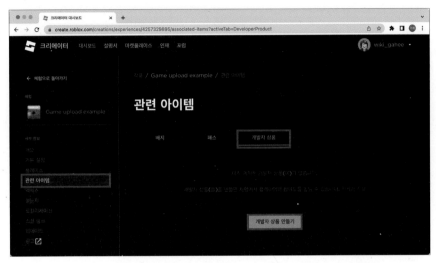

그림 8.15 | 게임 상세 페이지의 [플레이스]에서 [관련 아이템] 탭을 선택하고 [개발자 상품 만들기] 버튼을 클릭한다.

[개발자 상품 만들기] 페이지가 나오면 팁 버튼의 이름과 설명, 가격을 입력하고 팁 버튼에 사용할 이미지를 업로드한 후 [개발자 상품 만들기] 버튼을 클릭합니다.

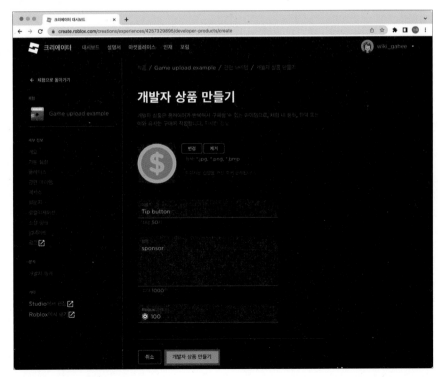

그림 8.16 | 팁 버튼 상세 설정 페이지

그러면 [관련 아이템] 페이지에서 방금 만든 팁 버튼이 생성돼 있는 것을 확인할 수 있습니다. 여기에서 이름 아래에 있는 숫자로 구성된 ID를 복사해둡니다. 그리고 나서 왼쪽 목록에서 [Studio에서 편집]을 클릭하여 로블록스 스튜디오 화면으로 돌아옵니다.

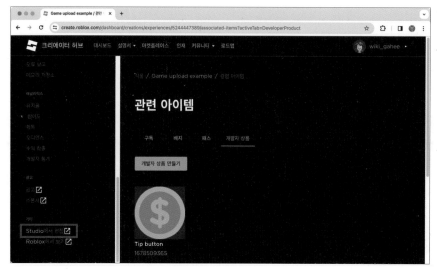

그림 8.17 | 생성된 팁 버튼 정보

이제 사용자가 누르면 게임 제작자에게 후원금이 지급되는 팁 버튼을 만들어 보겠습니다. 이 작업을 위해서는 [탐색기]와 [속성] 창이 필요합니다. 각 창을 열어준 후 [탐색기]로 가서 [StarterGui] 옆의 + 기호를 클릭하여 [ScreenGui]를 불러옵니다. 그리고 [ScreenGui] 옆의 + 기호를 클릭하여 [TextButton]을 불러옵니다.

그림 8.18 | 로블록스 스튜디오에서 텍스트 버튼 Gui를 만든다.

이 버튼을 꾸며서 팁 버튼을 만들면 되는데, 텍스트 버튼을 꾸미는 방법에 대해서는 '6.3 GUI로 상점 만들기' 단원을 참고하세요. 한 가지 주의할 점은 버튼 크기를 설정할 때 기기의 스크린 크기에 구애받지 않도록 해당 텍스트 버튼의 [Size] 속성을 설정해줘야 한다는 것입니다. [모양(Appearance)]→[Size]로 가서 값을 {0,1,50}, {0,1,0}으로 설정하면 어떤 스크린이든 그 크기에 맞게 버튼 크기가 조정됩니다.

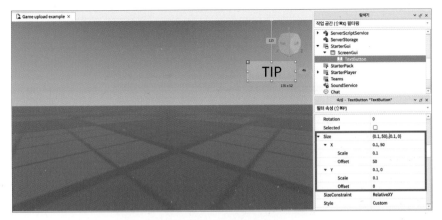

그림 8.19 | 텍스트 버튼의 크기가 화면 크기에 맞춰 조절되게 Size 속성을 설정한다.

팁 버튼을 만들었으니 이제 스크립트를 추가해보겠습니다. [탐색기] 창의 [StarterGui]→[ScreenGui] 옆의 + 기호를 눌러 [LocalScript]를 불러옵니다.

그림 8.20 | 팁 버튼을 위한 로컬 스크립트 추가

그리고 스크립트 창에 다음 스크립트를 입력합니다. 스크립트 첫 줄의 숫자 부분에는 앞에서 복사해 둔 팁 버튼 아이디를 넣으면 됩니다.

스크립트 8.2 팁 구매 창이 뜨게 하는 스크립트

```
01    local id = 0000000000  ← 팁 버튼 아이디
02
03    script.Parent.TextButton.MouseButton1Click:connect(function()
04        game.MarketplaceService:PromptProductPurchase(script.Parent.Parent.Parent,id)
05    end)
```

여기까지 한 후 스크립트 창을 닫고 [플레이] 버튼을 눌러보면 화면에 팁 버튼이 생성돼 있고, 버튼을 눌렀을 때 팁을 줄 수 있는 창이 나타나는 것을 확인할 수 있습니다.

그림 8.21 | 완성되어 제대로 작동하는 팁 버튼

③ 프리미엄 페이아웃

다음으로 소개할 로블록스의 수익원은 프리미엄 페이아웃입니다. 프리미엄 페이아웃은 게임을 출시하고 사용자가 조금씩 늘면서 수익이 발생하기 시작합니다. 그럼 자세히 알아볼까요?

로블록스 홈페이지에 가면 왼쪽의 메뉴 하단에 [Premium 가입하기]라는 버튼이 있습니다. 이 버튼을 눌러보면 프리미엄 멤버십 가입 안내 페이지가 나타납니다.

그림 8.22 | 로블록스 홈페이지의 [Premium 가입하기] 버튼

프리미엄 멤버십에 가입한 사용자가 게임을 플레이하면 게임 제작자에게 로벅스가 지급됩니다. 이 수익은 하루에 한 번씩 지급됩니다. 프리미엄 페이아웃으로 지급된 로벅스의 내역을 확인하려면 로블록스 크리에이터 대시보드에서 확인하고자 하는 게임의 이름을 클릭해 상세 페이지로 이동합니다. 그다음 왼쪽에 있는 애널리틱스에서 [개발자 통계]를 선택합니다.

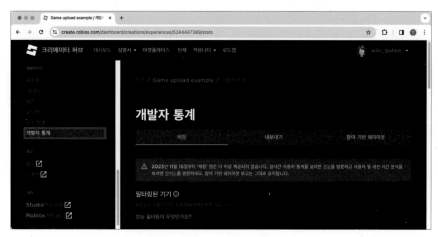

그림 8.23 | 게임 상세 화면의 왼쪽 메뉴 중 [개발자 통계]를 선택한다.

그러면 여러 가지 통계 수치를 보여주는 페이지가 열리는데, 위쪽의 [Premium] 탭을 눌러 페이아웃 통계를 확인할 수 있습니다. 프리미엄 회원의 방문 날짜와 방문 횟수에 대한 정보가 제공됩니다.

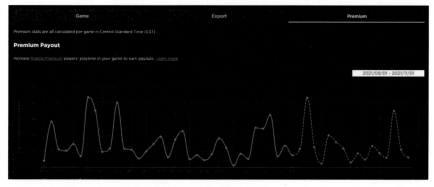

그림 8.24 | [Premium]에서 게임의 프리미엄 회원 관련 통계 정보를 확인할 수 있다.

티셔츠 판매로 수익 올리기

로블록스로 수익을 올리는 마지막 방법으로 티셔츠나 셔츠, 바지를 만들어 판매하는 방법이 있습니다. 의외로 이 방법을 모르는 사람이 많은데, 셔츠나 바지 만들기는 좀 더 고난도에 해당하니 우선 여기서는 티셔츠를 무료로 만들어 판매하는 방법을 알아보겠습니다.

티셔츠를 만드는 방법은 간단합니다. 로블록스 크리에이터 대시보드(https://create.roblox.com/)에서 [아바타 아이템] 탭 클릭합니다. [티셔츠] 탭을 보면 자신이 보유하고 있는 티셔츠 목록이 보이고, 가운데에 [애셋 업로드] 버튼이 있습니다. 이 버튼을 클릭합니다.

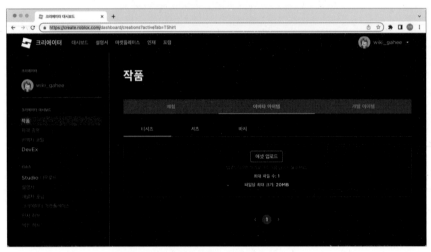

그림 8.25 | 로블록스 크리에이터 대시보드의 [아바타 아이템] 탭에서 티셔츠를 만들 수 있다.

버튼을 클릭하면 [에셋 업로드] 페이지가 열립니다. 이 페이지를 보면 티셔츠에 들어갈 이미지를 올릴 수 있는 [업로드] 버튼이 있습니다. 이 버튼을 눌러 컴퓨터에 있는 이미지를 불러옵니다. 티셔츠의 이름과 설명을 입력하고 [업로드] 버튼을 누릅니다.

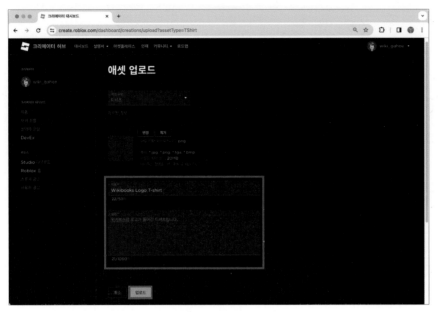

그림 8.26 | 티셔츠에 넣을 그림을 업로드할 수 있는 [에셋 업로드] 페이지

이때 이미지 크기는 크게 상관없지만, 로블록스에서는 128×128픽셀 크기의 이미지를 권장합니다. 쉬운 방법으로, 내 컴퓨터의 그림판이나 파워포인트 프로그램을 사용하여 이미지를 제작한 후 업로드해도 됩니다.

이제 [아바타 아이템] 탭에서 [티셔츠] 탭 아래로 방금 생성한 티셔츠가 보일 겁니다. 자신이 만든 티셔츠를 판매하고 싶다면, 해당 티셔츠의 아이콘을 눌러 구성 페이지로 이동합니다.

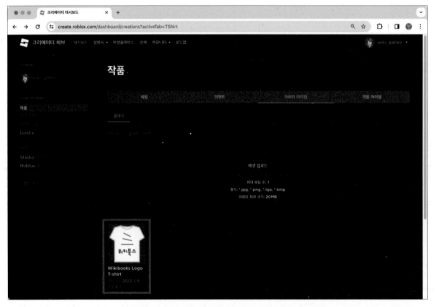

그림 8.27 | 업로드 후 생성된 티셔츠를 [아바타 아이템] 탭의 [티셔츠] 탭 아래에서 확인할 수 있다.

[티셔츠 구성] 페이지에서 ❶ 판매의 토글 버튼을 [ON]으로 바꿔줍니다. 그러면 가격을 입력할 수 있는 칸이 나타나는데, 여기에 티셔츠를 얼마에 판매할 것인지 ❷ 가격을 숫자로 입력하고 ❸ [변경 사항 저장]을 누르면 됩니다.

티셔츠를 판매하려면 로블록스 프리미엄에 가입하거나, 프리미엄에 가입하지 않았다면 티셔츠에 대한 판매 수수료로 10로벅스를 지불해야 합니다. 수수료를 지불할 것인지 묻는 창이 나오면 ❹ [확인] 버튼을 클릭합니다.

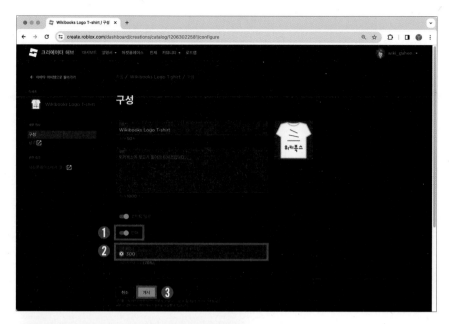

그림 8.28 | 티셔츠 판매를 위한 설정

그룹 티셔츠를 만드는 방법도 비슷합니다. 로블록스 크리에이터 대시보드에 접속한 다음 왼쪽 메뉴에서 크리에이터를 선택하고, 티셔츠를 추가하고자 하는 그룹을 선택합니다. 그다음 오른쪽 영역에서 [아바타 아이템] 탭을 클릭합니다.

그림 8.29 | 그룹 티셔츠도 내 티셔츠 만들기와 같은 방법을 통해 만들 수 있다.

그다음 앞에서와 마찬가지로 [에셋 업로드] 버튼을 클릭하고 이미지를 업로드하면 그룹 티셔츠가 완성됩니다. 티셔츠의 판매 여부를 설정하는 과정은 일반 티셔츠의 경우와 똑같으므로 설명을 생략하겠습니다.

이렇게 해서 이 책의 마지막 장에서는 로블록스로 수익을 올리는 네 가지 방법을 알아봤습니다. 아이템 판매, 후원 버튼, 프리미엄 페이아웃, 티셔츠 판매 등 초보자도 수익을 올릴 만한 간단하고 쉬운 방법 위주로 소개했습니다.

로블록스를 처음 접하고 게임을 어느 정도 플레이하다 보면 나만의 게임을 만들어보고자 하는 욕심이 생깁니다. 어디서 무엇부터 시작해야 할지 모르겠다면 이 책을 보면서 한 번 무작정 따라해 보세요. 무작정 따라하다 보면 기능도 하나씩 손에 익고 시간이 흐르면서 전체적인 윤곽도 파악할 수 있게 될 것입니다.

자신이 좋아하는 게임을 직접 만들 수 있다니 정말 멋지지 않나요? 로블록스 스튜디오로 나만의 게임을 만들어 친구들과 함께 게임도 즐기고, 당당히 게임 개발자가 되어 보세요!

찾아보기